Samuele Agnesini

Fulget crucis mysterium

Imprint
Any brand names and product names mentioned in this book are subject to trademark, brand or patent protection and are trademarks or registered trademarks of their respective holders. The use of brand names, product names, common names, trade names, product descriptions etc. even without a particular marking in this work is in no way to be construed to mean that such names may be regarded as unrestricted in respect of trademark and brand protection legislation and could thus be used by anyone.

Cover image: www.ingimage.com

Publisher:
Edizioni Accademiche Italiane
is a trademark of
International Book Market Service Ltd., member of OmniScriptum Publishing Group
17 Meldrum Street, Beau Bassin 71504, Mauritius

Printed at: see last page
ISBN: 978-613-8-39145-6

"FULGET CRUCIS MYSTERIUM"

LA CROCE NELLA RITUALITÀ DEL VENERDÌ SANTO

Introduzione:

La Celebrazione della Passione del Signore del venerdì santo ha un progetto teologico-celebrativo che nel suo aspetto nucleare non è ancora stato esplicitato completamente. La presente opera cerca di inserirsi nella prospettiva della teologia liturgica che, nel confronto tra presente e passato, vuole orientarsi verso *"una progettualità liturgica"*[1].

In questo lavoro di ricerca mi sono proposto di gettare luce sulla liturgia del venerdì santo così da poterne recuperare l'ermeneutica originale e liberarla da quel *"limbo devozionalistico"* in cui spesso è segregata. Mi sono prefisso prima di tutto di rileggere, a sommi capi, la storia della Celebrazione della Passione del Signore, così da interrogare le fonti, con la speranza che esse possano illuminare nel recupero del senso originario e primordiale di questa suggestiva celebrazione.

Cercherò di rileggere la Celebrazione della Passione del Signore a partire dalla sua storia, passando in modo particolare attraverso la riforma del Concilio Ecumenico Vaticano II, per approdare ad una riflessione che faccia emergere in maniera completa il valore *"estetico sacramentale"* dello svelamento e dell'adorazione della Croce. Dopo aver mostrato *"il legno della Croce"*, l'uomo di ogni tempo e storia, rappresentato dall'assemblea radunata per la celebrazione, può avvicinarsi in adorazione per raccogliere il frutto dell'Amore Crocifisso, quella Grazia santificante che rigenera e trasforma la vita. L'adorazione, che generalmente si esprime con il gesto bacio, apre il credente alla consapevolezza che la partecipazione alla Celebrazione della Passione del Signore

[1]CATELLA, ALCESTE, *La celebrazione del venerdì santo. Riflessioni dalla storia,* in CATELLA, ALCESTE - REMONDI, GIORDANO, (ed.) *Celebrare l'unità del Triduo pasquale. 2. venerdì santo: la luce del Trafitto e il perdono del Messia,* Leumann (To), Elle Di Ci, 1995, p. 9.

introduce ad una relazione che è di pura intimità con il Mistero che si sta celebrando. Il bacio dato alla Croce ripristina l'ordine delle relazioni intime che è stato interrotto con il bacio di Giuda. Restaurando l'ordine delle relazioni umane, in un certo qual modo ricostituisce anche il rapporto originale con tutta la creazione. La Croce catalizza lo sguardo e lo purifica per donare a chi partecipa a quella santa liturgia una nuova comprensione di se stesso e del mondo intero. La Croce e il Crocifisso purificano lo sguardo e, con esso, l'intera vita, rendendo l'uomo capace di scoprire la creazione come luogo di redenzione. L'adorazione della Croce porta con sé un valore sacramentale vero e proprio, che si salda in maniera inscindibile con la Parola proclamata, divenendo vero e proprio Kerigma: annuncio e realizzazione della salvezza operata dal Cristo Signore.

Cercherò quindi di individuare il gioco rituale di trasmissione della Grazia sacramentale specifico di questa celebrazione. La Grazia è qui concepita come l'amore gratuito proveniente dal Crocifisso che viene trasmesso all'uomo nella celebrazione della Passione. Celebrare il mistero pasquale nell'aspetto che è reso presente dalla Celebrazione della Passione del Signore è una vera attestazione di fedeltà a Dio e contemporaneamente di fedeltà all'uomo: si adora il Crocifisso per ricevere il dono della Grazia.

Non possiamo dimenticare che questa dinamica sacramentale è già intravista da *Sacrosanctum Concilium* quando, al n° 5, afferma: "*Infatti dal costato di Cristo dormiente sulla croce è scaturito il mirabile sacramento di tutta la Chiesa*", la celebrazione del venerdì santo rende manifesta una "*Chiesa ferita dall'Amore*"[2]. L'identità divina si nasconde in quella umana quasi perdendo i suoi connotati specifici, così da condividere in tutto "*fuorché nel peccato*"[3] la condizione degli uomini e riscriverne l'identità stessa. La Croce assume allora il suo alto valore epifanico, rivelando all'uomo la sua identità e la sua vocazione e aprendo una nuova possibilità di redenzione anche per questo tempo e per questa assemblea celebrante.

---

[2] RATZINGER, JOSEPH, *La Bellezza la Chiesa*, Castel Bolognese, ITACA, 2005, p.12.

[3] *GS*, 22.

1 Il venerdì santo nella storia liturgica

1.1 L'origine e la prassi nella chiesa di Gerusalemme

Gerusalemme, e la comunità cristiana che vi abita, ha sempre vissuto in maniera molto seria il problema che si sviluppa dalla necessità di tenere uniti gli eventi storico-salvifici e lo sviluppo liturgico che ne deriva, facendo emergere in maniera nitida il confronto che esiste tra continuità e cambiamento, tipici dell'esperienza liturgica. Da questa dialettica spesso drammatica nasce nella comunità gerosolimitana la consapevolezza che il suo compito di custode del testamento del Signore si sovrappone a quei luoghi che diventano memoriale della Salvezza, una consapevolezza che le attribuisce, per molteplici aspetti, la dimensione di modello e fonte a cui attingere. Ciò che in Gerusalemme si è compiuto e ciò che in Gerusalemme si è celebrato di volta in volta ha dato vita a una tradizione propria, tipica e specifica di questa Chiesa, i cui influssi si possono riscontrare più o meno velatamente in altre tradizioni liturgiche[4].

Dopo i primi secoli di relativa pace la chiesa di Gerusalemme, tra il VI e il IX secolo, vive profondi e drammatici cambiamenti che ne modificheranno sia la struttura interna sia la percezione che all'esterno si aveva di essa. Con il saccheggio dei Sasanidi del 614 e la conquista islamica del 638 la comunità di Gerusalemme vive una profonda cesura[5]. Per quanto riguarda lingua, cultura, struttura gerarchica e territoriale, Gerusalemme resta collocata in ambito bizantino e mantiene un legame diretto con la corte imperiale. I monasteri della Giudea e quelli ad essi collegati, in un'area ben più vasta che andava dalla Siria al Sinai, hanno continuato ad alimentarne l'elaborazione teologica e liturgica. Furono tenuti vivi i rapporti con Roma e con il mondo latino, evidenziando la consapevolezza di una comunione mai venuta meno, in modo particolare con la sede di Pietro soprattutto attraverso le reliquie e il culto ad esse collegato.

[4] JANERAS, SEBASTIÀ, *La Settimana Santa nell'antica liturgia di Gerusalemme*, in KOLLAMPARAMPIL, ANTONY GEORGE (ed.), *Hebdomadae sanctae celebratio: conspectus historicus comparativus*, Roma, C.L.V.- Edizioni liturgiche, 1997 ("Bibliotheca «Ephemerides liturgicae». Subsidia", 93), p. 19-50.

[5] SCHICK, ROBERT, *The Christian Communities of Palestine from Byzantine to Islamic Rule*, «Journal of the American Oriental Society», 119/2 (1999), p. 320-322.

Proprio al culto della Reliquia della Santa Croce vorrei dedicare attenzione[6].

La tradizione ritiene che essa sia stata rinvenuta dall'imperatrice Elena nel sottosuolo della Basilica del Santo Sepolcro, in corrispondenza del luogo chiamato *Martyrium*; il suo culto e la sua venerazione erano legate al Calvario e alle celebrazioni del venerdì santo[7]. Dopo il sacco della città nel 614, fu portata in Persia assieme ad una parte della popolazione e allo stesso patriarca Zaccaria[8]. Nel 631 Eraclio, imperatore bizantino, raggiunse un accordo di pace con i Persiani e, come segno dell'avvenuto accordo, il nuovo condottiero persiano donò la Reliquia della santa Croce all'imperatore, che la riportò a Gerusalemme[9]. Nominato il nuovo patriarca di Gerusalemme nella persona di Modesto, poiché Zaccaria era morto in esilio, gli venne affidata la Reliquia che fu ricollocata al suo posto solo il giorno della consacrazione di Modesto stesso, il 21 marzo 621, venerdì santo. Il Lezionario Gregoriano, la fonte liturgica più importante dopo la data della restituzione della Reliquia della Croce, non racconta più la cerimonia di adorazione della Croce come si era sviluppata nell'antica prassi liturgica ma propone solo una preghiera in onore della Croce inserita all'interno dell'ufficio vigiliare[10].

L'antica liturgia gerosolimitana della Passione era celebrata nella notte tra il giovedì e il venerdì santo, quando la comunità si radunava per una veglia che si spostava nei diversi luoghi in cui erano accaduti gli eventi della Passione del Signore Gesù. Questa celebrazione itinerante era semplicissima: una lettura di brani evangelici accompagnati da canti e preghiere.

Abbiamo una descrizione dettagliata di ciò che avveniva grazie a ciò che è narrato nel diario di viaggio della pellegrina Egeria (381-384), essa prende nota con cura di tutto ciò che accade attorno a lei e in modo particolare ci consegna tutte le *statio* della veglia celebrata nella notte tra il giovedì e il venerdì santo: la chiesa dell'Eleona, sul dosso del monte degli ulivi; la chiesa dell'Imbomon, sulla vetta del monte degli ulivi; la chiesa dove

[6]FORLOW, ALEXANDROVNA, *La relique de la vraie Croix: recherches sur le developpement d'un culte*, Institut francais d'etudes byzantines, Paris, 1961, ("Archives de l'Orient chrétien", 7).

[7]EGERIA, *Diario di viaggio*, Paoline, Milano, 1992, p. 238-250.

[8]STATEGIUS, *Captivitas Hierosolymae*, a cura di GARITTE, GÉRARD, Louvain, 1960, (*Corpus Scriptorum Christianorum Orientalium*, 203).

[9]GRUMEL, VENANCE, *La réposition de la vraie croix à Jérusalem par Héraclius. Le jour et l'année*, in «Byzantinische Forshungen», I, 1966.

[10]*Le Grand Lectionnaire de l'Eglise de Jérusalem (V-VIII siècle)*, a cura di TARCHNISVILI, MICHEL ,I, Louvanin, 1959, p. 104-106.

ha pregato il Signore; il Getsemani; infine si rientra in Gerusalemme, si fa sosta alla porta della città, si attraversa tutta la città e si giunge alla basilica del Sepolcro, presso la Croce, ove si conclude la veglia e viene dato il congedo[11]. Egeria ci lascia anche le letture del vangelo che venivano fatte nelle diverse *statio*: Gv 13,31-18,1; incerto è il riferimento di Lc 22,1ss; Mc 14, 27-72; Mt 26,31-56; Gv 18,28-19,16. Inoltre riferisce che le letture sono accompagnate da preghiere, inni, antifone.

Il Lezionario armeno[12], siamo alla metà del V secolo, attesta che questa veglia inizia a mezzanotte e finisce all'alba e ci dice che le letture usate in questa celebrazione sono sette.

Egeria attesta che l'adorazione della Croce avveniva al mattino del venerdì santo nel più assoluto silenzio e raccoglimento: "*Allora si pone un seggio per il vescovo sul Golgota, sotto la Croce che ora si erge là, il vescovo siede alla cattedra; si mette davanti a lui un tavolo coperto con un panno di lino; in piedi intorno alla mensa stanno i diaconi e viene portato un cofanetto di argento dorato nel quale di trova il legno santo della croce. Viene aperto, lo si espone, e si mette sul tavolo tanto il legno della croce che l'iscrizione.... Così tutto il popolo passa ad uno ad uno; tutti chinandosi toccano prima con la fronte, poi con gli occhi la croce e l'iscrizione e così baciano la croce e sfilano via*"[13]. Terminata la "*commemorazione*" della morte del Cristo, verso le quattro del pomeriggio, si fa ingresso nel "*Martyrium*" per il "*Lucernario*" quotidiano, al termine del quale processionalmente ci si reca all'"*Anastasis*" per leggervi il brano della sepoltura di Gesù[14].

Dopo questa analisi possiamo indicare una triplice liturgia che scandisce la celebrazione del venerdì santo nella comunità di Gerusalemme:

1. Celebrazione notturna vigiliare.
2. Celebrazione pomeridiana di "*commemorazione*" della passione e morte del Signore.
3. Celebrazione vespertina di "*commemorazione*" della sepoltura[15].

---

[11]EGERIA, *Diario di viaggio*, p. 233-250.

[12]*Le codex arménien Jérusalem 121. Introduction aux origines de la liturgie hierosolymitaine*, 1, RENOUX, ATHANASE, (ed.), Brepols, Turnhout, 1969, p. 281-295.

[13]EGERIA, *Diario di viaggio*, p. 244-245.

[14]EGERIA, *Diario di viaggio*, p. 248.

[15]CATELLA, ALCESTE, *La celebrazione del venerdì santo. Riflessioni dalla storia*, p. 27.

Il venerdì santo a Gerusalemme è, quindi, vissuto come uno dei giorni della *"Grande Settimana"*, con la caratteristica di essere *"commemorazione"* della Passione: *"Le celebrazioni si sviluppano lungo la linea «cronologica» degli eventi, sono segnate da letture che richiamano questi eventi e da canti e preghiere adatte; l'altra coordinata è quella «topografica» che fa della liturgia gerosolimitana una liturgia «stazionale»"*[16].

Le coordinate cronologiche e topografiche sono i due binari nei quali la commemorazione liturgica della passione muove il suo cammino, permettendo così, a chi vi partecipa, non solo una celebrazione che rispecchia fedelmente i fatti consegnati dalla narrazione dei Vangeli, ma anche la possibilità di una partecipazione tale da permettere un vero intreccio di memoria e mimesi, così da rendere, attraverso quell'esperienza celebrativa, l'evento salvifico fruibile, quasi tangibile.

1.2 La prassi medievale: come e da dove nasce il rito dell'adorazione della Croce

Durante l'epoca medioevale il culto della Croce diviene parte della liturgia del venerdì santo e quindi della Settimana Santa stessa. Non essendo possibile ripercorrere in modo dettagliato tutta la vicenda di come il venerdì santo fu celebrato nell'evoluzione medioevale, ci limitiamo allo studio dei due sacramentari che in modo più evidente aiutano nella comprensione della nascita del rito dell'adorazione della Croce, come noi oggi lo conosciamo e celebriamo[17]. Il primo documento liturgico che nel giorno del venerdì santo contiene, oltre la liturgia della parola, l'adorazione della Croce e la comunione ai fedeli è il *Gelasianum Vetus*, un sacramentario destinato non alla liturgia papale ma a quella dei *Tituli*, cioè le "parrocchie" di Roma, e quindi utilizzato dai presbiteri che vi

[16]CATELLA, ALCESTE, *La celebrazione del venerdì santo. Riflessioni dalla storia*, p. 27.

[17]Cfr.: CAPELLE, BERNARD, *Le vendredi saint*, «La Maison-Dieu», 37 (1954), p. 93-120; CAPELLE, BERNARD, *L'office du vendredi saint*, «La Maison-Dieu», 41 (1955), p. 73-83; JOUNEL, PIERRE, *Le vendredi saint: La tradition de léglise*, «La Maison-Dieu», 67 (1961), p. 199-214. MAZZA, ENRICO, *Il culto della croce nella liturgia del venerdì santo nell'altomedioevo*, «Didaskalia», 36 (2006), p. 19-45; CARRANZA, ANTONIO FERNANDEZ, *Ecce lignum crucis, venite adoremus. El lenguaje ritual: principio interpretativo de la teolologia litúrgica del oficio romano de la Pasión del Señor*, Madrid, Ediciones Universidad de San Dámaso, 2014.

celebravano. Si ipotizza che i due riti che si susseguono alla liturgia della parola, adorazione della Croce e comunione, siano stati aggiunti prima del VII secolo[18].

Nella liturgia delle parrocchie di Roma, i *Tituli*, alle ore 15:00 del venerdì santo, ora della morte del Signore, dopo che il popolo è entrato in chiesa in silenzio e senza alcuna processione, inizia il rito, sull'altare è stata preparata una croce. Il sacerdote dopo essere giunto all'altare pronuncia l'orazione "*Deus, a quo et Iudas*"[19], a cui fanno subito seguito le letture previste per la liturgia della parola che si conclude con la proclamazione delle *Orazioni solenni*. Al temine delle Orazioni il diacono dalla sacrestia conduce all'altare il pane e il calice rimasti dalla celebrazione del giorno precedente. Quando il sacerdote sale all'altare dapprima adora e bacia la croce, quindi, dopo aver introdotto la liturgia dei presantificati, si comunica. Così dopo di lui tutti i fedeli adorano la Croce e fanno la comunione. Ne emerge un rito ben composto e armonico, dove l'adorazione della Croce, posta subito prima della comunione eucaristica, forma quasi con essa un'unica azione rituale.

L'*Ordo romanus XXIII*[20], scritto nella metà del VIII secolo da un ecclesiastico franco, attesta che la liturgia papale ha recepito la venerazione della reliquia della santa Croce nella celebrazione del venerdì santo, rifacendosi ai riti di venerazione della Croce propri della liturgia di Gerusalemme, così come sono narrati nel diario della pellegrina Egeria[21].

La celebrazione papale inizia con una processione che si muove da san Giovanni al Laterano alle 14:00 e arriva a santa Croce in Gerusalemme intorno alle 15:00, ora della morte del Signore. Nella processione, subito dopo il Papa, un diacono porta il *lignum pretiosae crucis* che è custodito in un piccolo reliquiario ricoperto di pietre preziose e contenente anche un vasetto di balsamo profumato. Arrivati in santa Croce, la *capsa*[22] contenente la Croce viene deposta sull'altare, il Papa la apre e si inginocchia in preghiera. Dopo essersi alzato, la bacia e prende posto presso la sede per lui preparata. A questo

[18]CHAVASSE, ANTOINE, *Le sacramentaire gélasien (Vaticanus Reginensis 316). Sacramentaire presbytéral en usage dans les tritres romains du VIIe siècle*, Tournai, Desclée et Cie, 1958, (Bibliotèque de téhologie, 4, Hisoire de la Théologie, 1), p. 96.

[19]*Liber sacramentorum romanae aecclesiae ordinis anni circuli*, a cura di MOHLBERG, LEO CUNIBERT, (Cod. Vat. Reg. lat. 316/ Paris Bibl. Nat. 7193, 41/56), Roma, Herder, 1960, n° 396.

[20]ANDRIEU, MICHEL, *Les Ordines Romani du haut moyen age*, vol. 3, Louvain, Spicilegium sacrum lovaniense, 1961, p. 265-273.

[21]EGERIA, *Diario di viaggio*, p. 233-250.

[22]ANDRIEU, MICHEL, *Les Ordines Romani du haut moyen age*, vol. 3, p. 271.

punto su cenno del Santo Padre anche i vescovi, i presbiteri, i diaconi e i suddiaconi baciano la reliquia deposta sull'altare. Terminato il bacio da parte dei ministri, la reliquia viene posta in un cofanetto vicino alla balaustra che racchiude il presbiterio perché il popolo possa avvicinarsi e baciarla. Dato che la reliquia è nel presbiterio solo gli uomini possono avvicinarsi per il bacio, mentre le donne potranno svolgere questo gesto solo quando la reliquia sarà portata loro dai suddiaconi. Il gesto di adorazione da parte dei fedeli presenti è una semplice estensione del gesto del Papa, dato che dall'*Ordo* non si evince una strutturazione di questo gesto dal punto di vista rituale. Un altro elemento che emerge dallo studio dell'*Ordo romano XXIII* è che la liturgia della parola ha inizio subito dopo che il Papa ha baciato la reliquia della Santa Croce e ha preso posto sulla sede per lui preparata: "*Verumtamen, ut a domno apostolico fuerit osculata, statim ascendit subdiaconus in ambonem et incipit legere lectionem Osee prophetae....*"[23]. Dopo l'orazione conclusiva il Pontefice ritorna processionalmente a san Giovanni in Laterano mentre si canta il salmo 118. La liturgia papale del venerdì santo non prevede il rito della comunione (liturgia dei presantificati), coloro che volessero accostarsi alla comunione sono invitati a recarsi in uno dei *Tituli* della città.

I riti descritti reciprocamente nel *Gelasianum Vetus* e nell'*Ordo romano XXIII* sono coevi. Il rito dell'*Ordo* che descrive la liturgia papale ci indica l'origine del culto della Croce nel venerdì santo conservando la forma più arcaica, mentre il *Gelasianum* ci consegna un rito meglio organizzato, adattato alle necessità delle celebrazioni che venivano compiute nei *Tituli*. La liturgia papale del venerdì santo è completamente imperniata sulla reliquia della santa Croce sia nel momento processionale che nel rito celebrato in Santa Croce in Gerusalemme. Nei *Tituli* il rito troverà maggiore equilibrio e il culto che in precedenza era riservato alla reliquia ora è attribuito alla Croce. L'attenzione ora è posta sulla materialità della Croce e non più sulla reliquia che difficilmente troverebbe una sua collocazione nel rito adattato nei *Tituli*.

[23]ANDRIEU, MICHEL, *Les Ordines Romani du haut moyen age*, vol. 3, p. 271.

1.3 Il venerdì santo nel Messale Tridentino

Il venerdì santo nel Messale edito da Papa Pio V era denominato "*Feria VI in Parasceve*"[24], ed era strutturato in diverse parti[25].

La prima parte si presenta come una liturgia della Parola, viene mantenuta la forma dell'antica tradizione romana detta "*Synaxis didactica*". Il colore usato per i paramenti è il nero. I ministri giunti all'altare spoglio si prostrano a terra e pregano silenziosamente, mentre, nel frattempo, l'altare è rivestito della tovaglia. Le letture proclamate sono rispettivamente: Osea 6, 1-6 a cui segue un canto (*Tractus*) e l'orazione *Deus, a quo et Iudas...*, Esodo 12, 1-11 anch'essa seguita da un canto interlezionale e la narrazione della Passione secondo Giovanni 18, 1-40. 19, 1-42. La liturgia della Parola si conclude con le nove *Orationes Sollemnes.*

Il secondo elemento della struttura della "*Feria VI in Parasceve*" è il progressivo scoprimento della Croce a cui segue l'adorazione, rito che porta in sé una ricchezza di gesti e di canti.

Terzo elemento è la solenne processione per riportare l'ostia consacrata durante la celebrazione del giovedì santo da quello che popolarmente viene chiamato il "*sepolcro*" all'altare maggiore.

Ultimo elemento è la Messa dei presantificati, a cui corrispondono alcuni riti preparatori come: l'incensazione, l'*Orate fratres* e l'elevazione, cui faceva seguito il *Pater noster* e la comunione fatta dal solo celebrante, a riguardo viene detto: "*Il rito attuale è il prodotto di uno sviluppo piuttosto tardivo, il quale tendeva ad assimilare il rito della semplice comunione del sacerdote ai riti esterni della vera messa*"[26].

Ne risulta un quadro eterogeneo e complesso, si parte con una liturgia della Parola molto semplice e scarna, si passa all'adorazione della croce ricca di simboli, gesti e canti, per arrivare ad un elemento solenne puramente scenico e coreografico che circonda la semplice comunione del celebrante.

---

[24]HANSJÖRG, AUF DER MAUR, *Le celebrazioni nel ritmo del tempo – I. Feste del Signore nella settimana e nell'anno*, in *La Liturgia della Chiesa*, 5, Leumann (To), Elle Di Ci, 1990, p. 168.

[25]CATELLA, ALCESTE, *La celebrazione del venerdì santo. Riflessioni dalla storia*, p. 16-17.

[26] BRAGA, CARLO, *La riforma liturgica di Pio XII. La «Memoria sulla riforma liturgica»*, Roma, C.L.V.-Edizioni Liturgiche, 2003 ("Bibliotheca «Ephemerides liturgicae». Subsidia",128), p. 65.

1.4 La riforma Piana

Nel maggio del 1946 papa Pacelli incarica la Congregazione dei Riti di esaminare la possibilità di una riforma generale della Liturgia e di conseguenza anche quella del Triduo Pasquale[27]. In particolare per il venerdì santo si chiedeva che fossero riviste: la duplicazione della celebrazione principale, cioè che il sacerdote celebrante non ripetesse tutto ciò che è di competenza degli altri ministri, le *Orationes Sollemnes*, in modo specifico l'abolizione della preghiera per il Sacro Romano Impero, presente anche nel preconio pasquale e in altri riti, sostituendola con formule adatte per i "*governi civili*"[28] e la Messa dei presantificati con la possibilità di accedere alla comunione eucaristica per tutti i fedeli partecipanti al rito, ritenendo la comunione del solo celebrante un'aggiunta tardiva[29].

Nel 1955 Pio XII promulga il decreto *Maxima redemptionis* a cui segue la relativa istruzione della Congregazione, nella quale stabilisce il totale rinnovo della Settimana santa.

Nasce una celebrazione del venerdì santo particolare e composita che si divide in quattro momenti:

Liturgia della Parola: rimane invariata rispetto al messale Romano Tridentino, ma è stata introdotta un'orazione di apertura ed introduzione (*Deus, qui peccati veteris...*); le letture non sono più lette dal sacerdote ma anche lui le ascolta da seduto, si rompe così una tradizione secolare. Vengono recuperati in tal modo tre elementi essenziali della liturgia: il lettore, l'ambone e la sede del celebrante: "*La messa è un vero dramma che si svolge, nelle forme del culto liturgico, attraverso la cooperazione di diversi attori: il celebrante, i ministri sacri, i cantori, il popolo. Ciò vale soprattutto per la liturgia solenne e il Triduo sacro*"[30].

Le solenni orazioni: sono considerate parte importante della celebrazione a cui si vuole dare valore, non subiscono però modifiche sostanziali rispetto al precedente ordinamento.

Lo scoprimento e l'adorazione della Croce: anche questo elemento rimane invariato sia nell'impostazione rituale che nella proposta dei canti.

[27]CATELLA, ALCESTE, *La celebrazione del venerdì santo. Riflessioni dalla storia*, p. 15.
[28]BRAGA, CARLO, *La riforma liturgica di Pio XII. La «Memoria sulla riforma liturgica»*, p. 65.
[29]BRAGA, CARLO, *La riforma liturgica di Pio XII. La «Memoria sulla riforma liturgica»*, p. 65-67.
[30]BRAGA, CARLO, *La riforma liturgica di Pio XII. La «Memoria sulla riforma liturgica»*, p. 64.

Quarta parte: c'è una radicale semplificazione di quest'ultimo elemento della celebrazione. Il diacono riporta all'altare la pisside con le ostie consacrate la sera prima, poi viene recitato il *Pater noster*, quindi i ministri e il clero si comunicano.

Tutto il rito si conclude con tre orazioni *Super populum*.

Dalla riforma promossa da Pio XII risulta una liturgia del venerdì santo capace di esprimere il senso di riunirsi per celebrare la Passione del Signore in una linearità che riesce a tenere insieme: l'"*«anamnesis» del mistero della Passione e la «mimesis» devota degli eventi storici costitutivi del mistero*"[31].

La nuova struttura celebrativa della Passione del Signore, definita "*De solemni actione liturgica postmeridiana in passione e morte Domini*", verrà inglobata nell'*Editio typica* del Messale promulgato da Paolo VI nel 1970.

1.5 Il venerdì santo nell'attuale Messale Romano del Vaticano II: evoluzione e teologia

Nella lettera *Paschalis Sollemnitatis* della Congregazione del Culto del 16 gennaio 1988 al n° 1 si dice: "*Il concilio Vaticano II, principalmente nella costituzione sulla sacra liturgia, ha messo in luce più volte, secondo la tradizione, la centralità del mistero pasquale di Cristo, ricordando come da esso derivi la forza di tutti i sacramenti e dei sacramentali*"[32].

La riforma liturgica iniziata con il Vaticano II cerca proprio di mettere in luce la valenza fondamentale del *mistero pasquale* per ogni azione della Chiesa e, in modo specifico, per le azioni liturgiche. Nel *mistero pasquale* Cristo compie pienamente la redenzione degli uomini, una redenzione annunziata e prefigurata già nell'Antico Testamento (Eb 1,1). È nella passione, morte e risurrezione di Cristo Signore che la pienezza della vita ci viene definitivamente donata.

La Chiesa non vede altra Liturgia al di fuori di questo disegno di salvezza, che Dio ha pensato già dall'eternità e che nel Suo Figlio trova il compimento storico e temporale, mediante la potenza dello Spirito Santo. L'apertura di questo mistero ad ogni uomo trova l'apice nella testimonianza d'amore che Gesù fa al Padre nel *mistero pasquale*, questo evento

[31] CATELLA, ALCESTE, *La celebrazione del venerdì santo. Riflessioni dalla storia*, p. 20.

[32] SACRA CONGREGATIO RITUUM, Lett. Circ. "*Pascalis Sollemnitatis*". IN *EV*, Vol. 11, 79, (1988), n° 1.

è ciò che ci permette di offrire veramente al Padre un culto autentico, divino e gradito, in quanto noi stessi, riconciliati con il Padre per mezzo del Figlio, nello Spirito Santo, siamo questo stesso culto: "*perché noi fossimo a lode della sua gloria*" (Ef 1,12a).

Solo in Cristo, quindi, è possibile un vero culto, e un culto che sia pienezza. La Chiesa, sposa di Cristo, è chiamata a continuare la celebrazione del memoriale del suo Signore, in quanto è proprio nella Liturgia che Cristo si rende particolarmente presente e quindi sicuramente trovabile per realizzare ancora e sempre l'opera pasquale con la quale "*morendo ha distrutto la nostra morte e risorgendo ha ridato a noi la vita*"[33].

É in questo contesto che la riforma della Settimana Santa iniziata da Pio XII viene accolta nel Messale edito da Papa Paolo VI e portata a compimento.

Ancora una volta è la lettera della Congregazione del Culto del 1988 che getta particolare luce sulla comprensione che la Chiesa ha acquisito di ciò che la liturgia della Settimana Santa celebra nel venerdì santo: "*In questo giorno in cui «Cristo nostra pasqua è stato immolato», la Chiesa con la meditazione della passione del suo Signore e sposo e con l'adorazione della croce commemora la sua origine dal fianco di Cristo, che riposa sulla croce, e intercede per la salvezza di tutto il mondo*"[34].

La volontà di indicare l'oggetto e il progetto rituale nel termine "*Passione*" emerge chiaramente dalla scelta di intitolare la celebrazione "*Celebratio Passionis Domini*" permettendo un chiarimento sia dal punto di vista della tradizione[35] che da quello teologico. Il termine "*Passio*", infatti, in linea con il linguaggio biblico, patristico e liturgico, esprime sia le sofferenze che la morte del Signore Gesù. La sinassi liturgica del venerdì santo viene quindi proposta come "*celebrazione*" il cui oggetto/progetto è l'*Historia salutis* della Passione del Signore: "*sarà la stessa preghiera di apertura del rito a darci di quella passione e morte la vera chiave di lettura, quando ci ricorda che «con la sua passione Cristo inaugurò il mistero pasquale». Quel mistero pasquale, che già nel giovedì santo Cristo ci ha dato nel rito sacramentale della sua cena, ora nel venerdì santo ci viene presentato in tutta la sua realtà di sacrificio cruento offerto da Cristo nella sua morte sulla croce. E appunto sotto la croce di Cristo si*

[33] *MRI*, p. 327.
[34] SACRA CONGREGATIO RITUUM, Lett. Circ. "*Pascalis Sollemnitatis*". IN *EV*, Vol. 11, 79, (1988), n° 58.
[35] DUMAS, ANTOINE – DESHUSSES, JEAN, *Liber sacramentorum Gellonensis (Paris, B.N., Lat. 12048)*, Brepols, Thurnholti 1981: si veda il titolo del formulario XLI.

raccoglie oggi la liturgia, perché anche oggi «si compie la Scrittura che dice: vedranno chi è colui che hanno trafitto» (Zc 12,10 in Gv 19,27)"[36].

La Celebrazione della Passione del Signore si presenta essenzialmente ben organizzata nei suoi elementi, la successione avviene semplicemente e fluidamente: con l'ingresso si crea un primo movimento, l'assemblea in silenzio, l'ambiente spoglio, il celebrante si prostra rivestito dei paramenti di colore *rosso*. Seguono la proclamazione, l'ascolto, l'interiorizzazione e la preghiera. Il secondo movimento è dato dall'adorazione della Croce, prima la Croce si muove verso l'assemblea, poi è l'assemblea a muoversi verso la Croce. E nuovamente un movimento omologo per quanto riguarda la comunione.

L'insieme appare come una solida, tradizionale, celebrazione della Passione del Signore, memoriale della morte "*pasquale*" del Cristo: "*Il sentirsi presenti e partecipi al «mistero pasquale» di Cristo, il sentirsi cioè oggetto della definitiva liberazione dal peccato e dell'alleanza eterna con Dio che Cristo compie sulla croce: ecco l'atteggiamento che ci può dare il senso unitario dei tre distinti momenti in cui la celebrazione si articola e che sono, nell'ordine: parola di Dio, rivelazione e adorazione della croce, comunione*"[37].

Rimane in sottofondo l'istanza della "*drammatizzazione*" degli eventi della Passione; eppure si fa memoria della Pasqua – Passione[38].

1.5.1 Ingresso: il gioco rituale tra silenzio e prostrazione nel rito d'ingresso

La Celebrazione della Passione del Signore ha il suo inizio nel silenzio così come nel silenzio era terminata la Messa nella Cena del Signore: "*L'entrata in una chiesa al pomeriggio del venerdì santo, per la «Celebrazione della passione del Signore» – così essa si chiama – ci pone davanti a uno «spettacolo» inconsueto: non vi compaiono fiori e luci, non si odono canti. Vediamo infatti che, davanti a un altare nudo e spoglio di qualunque addobbo, i ministri della celebrazione e il popolo sono prostrati in una preghiera umile e silenziosa*"[39].

[36]MARSILI, SALVATORE, *Nel cuore della sacramentalità: il Triduo Pasquale*, «Rivista liturgica», 95 (2008), p. 531.
[37]MARSILI, SALVATORE, *Nel cuore della sacramentalità: il Triduo Pasquale*, p. 531.
[38]METZGER, MARCEL, *La formazione della «Grande Settimana». Prime testimonianze,* in ALCESTE, CATELLA - GIORDANO, REMONDI, (edd.), *Celebrare l'unità del Triduo pasquale. 1. Giovedì Santo: il Triduo oggi e il prologo del Giovedì santo,* Leumann (To), Elle Di Ci, 1994, p. 75-79.
[39]MARSILI, SALVATORE, *Nel cuore della sacramentalità: il Triduo Pasquale*, p. 530.

"La morte richiede silenzio"[40], il silenzio è la condizione necessaria per chi si accosta alla morte, in quanto essa è un mistero che riguarda l'uomo nella sua totalità. È assenza di vita, assoluta passività, e, allo stesso tempo, è, in modo del tutto misterioso, il momento in cui si tirano le somme della vita appena conclusa. Gesù stesso passa attraverso questa esperienza: solidale in vita con l'umanità, è solidale anche *"nel sepolcro con i morti"*[41]. Una differenza sostanziale si pone tra la condizione del Cristo e quella dell'uomo, cioè: *"una incarnazione tale la cui logica interiore ha condotto il Cristo fino alla croce, sulla quale, morendo, ha trionfato sulle potenze della morte"*[42]. Il peccato e la morte vengono distrutti con il sacrificio della croce, il sepolcro che viene sigillato è già vuoto, ma il fatto che Gesù sia seppellito come tutti gli altri morti è condizione necessaria perché la Pasqua possa avvenire e compiere pienamente la salvezza. Il discendere di Cristo nell'Ade, nel luogo del silenzio e dell'attesa, porta con sé la necessità di rompere questo silenzio attraverso la proclamazione dell'evento della redenzione. Questa discesa negli inferi del Crocifisso si presenta come gloriosa espressione di una vittoria già compiuta, viene così proclamata a coloro che sono nel silenzio del sonno della morte l'avvenuta riconciliazione, che Dio ha compiuto in Cristo per la totalità del mondo.

Lo Spirito della vita è lo stesso Spirito di Dio, che per poter parlare della rivelazione divina, *"dell'indicibile"*[43] usa il linguaggio comune, già creato. La parola di Gesù risuona nello spazio dove domina il silenzio. Tutta la rivelazione avviene in questa dinamica silenziosa, infatti per poter essere verbo la parola di Gesù deve necessariamente venire da una condizione di silenzio. Silenzio del Padre che si rivela nel Figlio, che è il suo stesso Verbo che procede dal silenzio. Chi accoglie il Verbo, come Lui, viene riconosciuto per il suo silenzio, per il mistero di cui la sua parola è impregnata. Il silenzio sostiene la parola e le concede la forza per poter divenire operante. Un silenzio che esprime l'attesa serena dell'amore. La parola può essere compresa solo se si accetta anche l'infinito spazio che porta con sé, *"il Logos fatto uomo è però colui che abbatte le barriere dei nostri limiti e ci introduce nell'inafferrabilità di Dio"*[44]. Cristo ha parlato tacendo nei fatti, negli eventi della sua vita e,

---

[40]BALTHASAR, HANS URS, *Teologia dei tre giorni*, Brescia, Queriniana, 1990, p. 131.
[41]BALTHASAR, HANS URS, *Teologia dei tre giorni*, p. 132.
[42]BALTHASAR, HANS URS, *Teologia dei tre giorni*, p. 137.
[43]BALTHASAR, HANS URS, *Verbum Caro*, Milano, Jaca Book, 2005, p. 140.
[44]BALTHASAR, HANS URS, *Verbum Caro*, p. 142.

perché noi potessimo pronunciare il suo nome salvifico, è stato Lui stesso pronunciato, così ha scelto la debolezza per amore dell'uomo. Gesù ha una parola che non ha eguali, come chi è detentore di autorità e potere, per questo è il legame tra la mancanza di parola del mondo e la sovrabbondanza della parola di Dio.

Nella discesa del Verbo incarnato nel silenzio della morte viene ricolmato il divario che esiste *"tra parola e sovra parola"*[45], la sua vita è un crescendo di tonalità, la sua voce arriva alle note più alte nel momento in cui emette lo Spirito, proclamando che Egli è l'unica parola di vita e che la vera vita è possibile solo nell'intimità con il Verbo di Dio. Solo nel silenzio è possibile penetrare la profondità dell'infinito, della bellezza del mistero insondabile di Dio. Davanti a qualcosa di estremamente bello ogni parola viene annullata lasciando posto allo stupore, così avviene ogni qual volta l'uomo cerca di avvicinare il mistero d'amore che Dio ha manifestato nella passione, morte e risurrezione del suo Figlio Unigenito.

Il silenzio che avvolge il rito permette di ascoltare la "parola" dei gesti che si compiono, i quali spesso nella liturgia per il sovrapporsi di gesto, preghiera e canto, rischiano di passare in secondo piano, o nel peggiore dei casi inosservati e quindi inefficaci nel loro valore simbolico. Nella sera della Passione il silenzio che avvolge tutto il rito introduce l'uomo nel mistero dell'obbedienza e della morte del Signore aprendolo all'amore del Crocifisso.

Il silenzio e la *prostratio* ai piedi dell'altare da parte del celebrante esprimono pienamente, e quasi in maniera plastica, la *kenosi* che si consuma con la morte in Croce del Signore Gesù. Il silenzio è carico di tensione, si percepisce che il gioco rituale della Celebrazione della Passione del Signore si fonda sulla libertà umana che si rivolge a Dio Padre, il quale, nel suo silenzio, aspetta che l'uomo si abbandoni a Lui in un *"atto di libertà fiducioso"*[46], una fiducia che è espressa dalla *prostratio* come obbedienza della fede. Il silenzio e la prostrazione della Celebrazione della Passione del Signore fanno eco e associano l'uomo alle parole della II Preghiera Eucaristica quando dice: *"Egli offrendosi*

---

[45] BALTHASAR, HANS URS, *Verbum Caro*, p. 145.
[46] TAGLIAFERRI, ROBERTO, *Sacrosanctum. Le peripezie del sacro*, Padova, EMP, 2013, p. 301.

liberamente alla sua Passione"[47], il liberamente del Cristo è in un certo qual modo lo stesso atto volontario di libertà richiesto al fedele che si raduna per celebrare la *Passio Domini.*

L'Ufficio delle Celebrazioni Liturgiche del Sommo pontefice in uno studio su *"Il sacerdote nella celebrazione del Triduo Pasquale"* scrive: *"Il venerdì santo in Passione Domini, il sacerdote è chiamato a salire sul Calvario. Alle tre del pomeriggio, o poco più tardi, ha luogo la celebrazione della Passione del Signore, in tre momenti: la Parola, la Croce, la Comunione. Egli si reca in processione e in silenzio all'altare. Dopo aver riverito l'altare, che rappresenta Cristo nell'austero denudamento del Calvario, si prostra a terra: è la proskýnesis, come nel giorno dell'ordinazione. Così egli esprime la convinzione di essere nulla davanti alla Maestà divina, e il pentimento di aver osato misurarsi, per mezzo del peccato, con l'Onnipotente. Come il Figlio che annullò se stesso, il sacerdote riconosce il suo nulla, e ha inizio la sua mediazione sacerdotale tra Dio e il popolo, che culmina nella preghiera solenne universale"*[48].

La prostrazione esprime in giusta maniera la percezione del peccato dell'uomo di ogni tempo ma, allo stesso modo, ci introduce alla consapevolezza *"di essere davanti al mistero della presenza potente di Dio, sapendo che la croce è il vero roveto ardente, il luogo della fiamma dell'amore di Dio, che brucia e non distrugge"*[49], la percezione di essere poca cosa, incapaci, deboli, svuotati che si esprime corporalmente nella prostrazione, rende colui che presiede, e tutta l'assemblea che si associa a questo gesto presidenziale, inginocchiandosi e pregando silenziosamente, consapevole che la partecipazione a questa liturgia ci trasforma rendendoci pienamente conformi al Cristo Redentore.

1.5.2 *Liturgia Verbi*

La parola di Dio ha sempre avuto un valore costitutivo sia nell'esperienza ebraica della Sinagoga, che nella liturgia cristiana, la quale non ha mai dimenticato di darle il giusto spazio nella consapevolezza del valore costitutivo della comunità cristiana stessa[50].

---

[47] *MRI*, p. 394.

[48] Ufficio delle Celebrazioni Liturgiche del Sommo Pontefice, *Il sacerdote nella celebrazione del Triduo Pasquale*, Studi, (Internet), Roma, Consultato il 21/10/2016, http://www.vatican.va/news_services/liturgy/details/ns_lit_doc_20100412_sac-triduo_it.html

[49] Ratzinger, Joseph, *Introduzione allo spirito della liturgia*, San Paolo, Cisinello Balsamo, 2001, p. 184.

[50] Sartore, Domenico, *La celebrazione cristiana e le sue componenti. La Parola*, in *Celebrare il mistero di Cristo. Manuale di Liturgia*, a cura dell'Associazione Professori di Liturgia, Roma, CLV, 1993, p. 349-353.

Nonostante che il ruolo della parola di Dio sia sempre stato ritenuto fondamentale e soprattutto fondante l'esperienza liturgica, nei secoli, la sua proclamazione è diventata di difficile comprensione e di conseguenza ha portato ad una perdita di evidenza e valore. Le cause di questa perdita di significato sono da attribuire a "*circostanze storiche, e specialmente nella lingua*"[51].

È alla Riforma del Vaticano II che va attribuito il merito di aver recuperato il ruolo e l'importanza della Parola nella liturgia: "l*a costituzione «Sacrosanctum Concilium» ha voluto anche ripristinare «una lettura più abbondante, più varia e più adatta della Sacra Scrittura» («Sacrosanctum Concilium», 35). La ragione profonda di questa restaurazione è espressa nella costituzione liturgica, «affinché risulti evidente che, nella liturgia, rito e parola sono intimamente connessi» («Sacrosanctum Concilium», 35), e nella costituzione dogmatica sulla divina rivelazione: «La Chiesa ha sempre venerato le divine Scritture, come ha fatto anche per il corpo stesso del Signore, non cessando mai, soprattutto nella sacra liturgia, di nutrirsi del pane di vita alla mensa sia della Parola di Dio, sia del corpo di Cristo e di porgerlo ai fedeli» («Dei Verbum», 21)*"[52].

La consapevolezza che anima la Chiesa quando annuncia la parola di Dio non è solo di tipo rievocativo[53], ma come afferma la Costituzione sulla Sacra Liturgia: "*Cristo… è presente nella sua parola, giacché è lui che parla quando nella Chiesa si legge la sacra Scrittura.*"[54], Cristo stesso interpella la fede stessa della comunità che si riunisce a celebrare, spingendola ad una vita corrispondente alle esigenze dell'incontro con la sua Persona.

Nel Messale Romano riformato a norma del Concilio Ecumenico Vaticano II, la Celebrazione della Passione del Signore non prevede più quattro momenti, ma tre, in quanto la solenne preghiera dei fedeli viene posta come logica conclusione della *Liturgia Verbi*. Come orazione di inizio sono proposti due testi alternativi. La prima orazione, *Reminiscere miserationum tuarum...*[55], supplica Dio affinché ricordi il suo amore e la sua Chiesa, questa prima della riforma era la terza orazione conclusiva. La seconda, *Deus, qui*

---

[51]SARTORE, DOMENICO, *La celebrazione cristiana e le sue componenti. La Parola*, p. 349.
[52]GIOVANNI PAOLO II, lett. ap. *Vicesimus quintus annus*, 4 dic. 1988, in *AAS* 98(1989), n° 8.
[53]SARTORE, DOMENICO, *La celebrazione cristiana e le sue componenti. La Parola*, p. 350.
[54]*SC*, n° 7.
[55]*MR*, p. 312.

peccati veteris...[56], invece, era la preghiera iniziale nella riforma voluta da Pio XII, essa pone l'accento sulla storia della salvezza operata da Cristo.

Le letture subiscono una modifica sostanziale, eccetto la Passione secondo Giovanni. La prima lettura è il quarto carme del Servo sofferente di Isaia (Is 52, 1-13.12), la seconda lettura è tratta dalla lettera agli Ebrei (Eb 4, 14-16; 5, 7-9). La prospettiva sottesa alle due letture è prettamente cristologica, viene evidenziato il sacrificio pasquale del Signore Gesù, come culto perfetto reso al Padre. Il salmo 30 (2.6.12-13.15-17.25) è quasi un commento e una sintesi della prospettiva che soggiace alle due letture; l'acclamazione al vangelo (Fil 2,8-9) è un preludio al mistero di morte e di gloria che nella Passione secondo Giovanni sta per essere proclamato[57].

1.5.3 La Parola fonda il memoriale della Passione

Il nuovo Ordinamento generale del Messale Romano dice che: "*Nelle letture viene preparata ai fedeli la mensa della Parola e vengono loro aperti i tesori della Bibbia*"[58]. La Parola di Dio fonda la celebrazione liturgica, il mistero pasquale annunciato dalla parola è attuato dalla liturgia che viene celebrata: "*la destinazione primaria dei vangeli in generale e dei racconti della Passione in particolare è la vita della Chiesa, e che questa arriva a svolgere il responsabile ruolo di custode e destinataria degli scritti ispirato solo quando nell'ascolto orante e nella appropriazione celebrativa ne vive tutto il significativo spessore*"[59].

Il mistero pasquale evento fondante si lega al programma rituale della Celebrazione della Passione del Signore, consegnando a chi celebra la presenza di "*Cristo, che attuando il suo mistero di salvezza, santifica gli uomini e rende al Padre un culto perfetto*"[60].

Ciò che accade nella Celebrazione della Passione del Signore è espresso in maniera narrativa dai Vangeli, mostrandoci come Parola di Dio e azione liturgica formino un tutto organico ed essenziale: "*Tutti e quattro gli evangelisti ci parlano delle ore del Gesù sofferente*

[56]*MR*, p. 312.
[57]CATELLA, ALCESTE, *La celebrazione del venerdì santo. Riflessioni dalla storia*, p. 21-22.
[58]OGMR, n° 57.
[59]CECOLIN, ROMANO, *I testimoni oranti della Croce. I racconti della passione e l'ambiente liturgico di origine e di destinazione*, in CATELLA, ALCESTE - REMONDI, GIORDANO, (ed.) *Celebrare l'unità del Triduo pasquale. 2. venerdì santo: la luce del Trafitto e il perdono del Messia*, Leumann (To), Elle Di Ci, 1995, p. 45.
[60]OLM, n° 4.

sulla croce e della sua morte – concordi circa le grandi linee dell'evento, ma con accentuazioni diverse nei dettagli. La cosa particolare in questi racconti è che sono pieni di allusioni all'Antico Testamento e di citazioni tratte da esso: la parola di Dio e l'evento si compenetrano a vicenda. I fatti sono, per così dire, riempiti di parola – di senso; e anche inversamente: ciò che fino ad allora era stato soltanto parola – spesso parola incomprensibile – diventa realtà e solo così si dischiude alla comprensione"[61].

In ogni celebrazione liturgica, la liturgia della Parola rende presente il mistero pasquale, mentre il resto della celebrazione permette che quella stessa salvezza sia accolta e vissuta da ogni credente, così accade anche nella Celebrazione della Passione del Signore, in cui la liturgia della Parola ha un valore altamente reale, essa è il contesto celebrativo nel quale anche le altre parti del rito trovano significato e comprensione e possono così diventare strumento di salvezza. Questo è evidente soprattutto nel fatto che inizialmente la Chiesa non conosceva altra commemorazione della Passione se non la lettura dei testi che la narravano. Il piano di salvezza annunciato dalla liturgia della Parola di questa celebrazione viene ripreso e attuato dalle azioni rituali che compongono l'intero rito, e, in modo del tutto particolare, nell'adorazione della Croce, in quanto il gesto ci immedesima e conforma in maniera intima ed esistenziale all'immagine del Cristo Crocifisso.

1.5.4 Oratio universalis: una preghiera che congiunge l'orizzonte dell'uomo e la verticalità di Dio

La liturgia della parola si fonda su due pilastri, da una parte la proclamazione *"attualizzante"*[62] della Parola e dall'altra la risposta sotto forma di supplica da parte della comunità. La supplica della comunità è attestata da molteplici fonti tra cui il martire Giustino, che dice: *"Nel giorno chiamato "del Sole" ci si raduna tutti insieme, abitanti delle città o delle campagne, e si leggono le memorie degli Apostoli o gli scritti dei Profeti, finché il tempo*

[61]RATZINGER, JOSEPH, *Gesù di Nazaret. Dall'ingresso in Gerusalemme fino alla risurrezione*, vol. 2, Città del Vaticano ,LEV, 2011, p. 227.
[62]GIRAUDO, CESARE, *Ascolta, Israele! Ascoltaci, Signore! Teologia e spiritualità della Liturgia della Parola*, Città del Vaticano, LEV, 2008, p. 104.

consente. Poi, quando il lettore ha terminato, il preposto con un discorso ci ammonisce ed esorta ad imitare questi buoni esempi. Poi tutti insieme ci alziamo in piedi ed innalziamo preghiere"[63]. Dopo che Dio ha parlato nelle letture attraverso il ministero del lettore, la comunità risponde ponendosi in piedi e supplicando attraverso la preghiera comune. È questo il momento in cui la vita quotidiana con le sue ansie e le sue speranze trova lo spazio per entrare nella preghiera pubblica della Chiesa. I due orizzonti, quello di Dio e quello dell'uomo, in questa preghiera si sposano e si fondono in modo del tutto singolare.

Lo studio della *Celebratio Passionis Domini* ci fa incontrare con un formulario molto particolare, le *Orationes Sollemnes;* questo è l'unico testo di preghiera universale che si è mantenuto fino al Vaticano II nella prassi liturgica romana[64]. Il testo databile tra IV e V secolo, come dimostrato da A. Chavasse[65], è arrivato a noi attraverso il sacramentario *Gelasianum Vetus*[66]. Questa datazione coincide anche con quella proposta da Prospero d'Aquitania che attesta che le *Orationes Sollemnes* costituivano il formulario ordinario della *oratio fidelium* in uso a Roma già a partire dal 450 d. C. Il nucleo originale era composto da nove preghiere, tutte aperte da un'introduzione nella quale è attestato il motivo per cui si prega e da un'orazione presidenziale che completa e raccoglie la petizione introduttiva. L'uso attuale attestato già dalla tradizione gelasiana prescrive due monizioni diaconali: *"Flectamus genua – Levate"*[67].

Attraverso la Preghiera Universale della Celebrazione della Passione del Signore viene celebrata la potenza universale della passione di Cristo, come attraverso la morte in Croce ha portato la salvezza a tutto il mondo, in questo momento una preghiera prolungata dischiude il cuore del fedele ad uno sguardo universale che esprime con le formule della Preghiera Universale: vengono ricordati il papa, i ministri ordinati, tutti i fedeli, in particolare i catecumeni che si preparano a ricevere i sacramenti dell'iniziazione cristiana nella veglia pasquale; si prega anche per l'unità dei cristiani, per gli ebrei, per i fedeli di altre religioni, per i non credenti, per i governanti, per tutti coloro che soffrono.

[63]GIUSTINO, *Prima Apologia 65,* 1, in *Sources Chrétiennes* 507, p. 302-303.
[64]DE CLERCK, PAUL, *La Prière universelle dans les liturgies latines anciennes : témoignages patristiques et textes liturgiques,* Münster, Aschendorff, 1977, p. 124-144.
[65]CHAVASSE, ANTOINE, *Le sacramentaire gélasien,* p. 634-635.
[66]DE CLERCK, PAUL, *La Prière universelle dans les liturgies latines* anciennes, p. 131.
[67]DE CLERCK, PAUL, *La Prière universelle dans les liturgies latines anciennes,* p. 131.

Attraverso questo ampio sguardo si invita la comunità a non chiudersi su se stessa ma a mantenere uno sguardo aperto sul mondo e ad accogliere come proprie le preghiere di tutta la Chiesa.

Ogni intenzione presenta una struttura tipica:

- *invito alla preghiera*
- *silenzio*
- *orazione del sacerdote che si chiude con l'amen dell'assemblea*

Alcune espressioni delle *Orationes Sollemnes* che erano legate ad un contesto storico ben preciso e di difficile interpretazione, con la riforma del Messale voluta dal Vaticano II, sono state riconsiderate e anche riscritte secondo una sensibilità più vicina ai tempi moderni e di più facile comprensione[68].

Dalla Preghiera Universale nasce la possibilità per l'assemblea di riappropriarsi di uno sguardo aperto sul mondo, sulle necessità di tutta la Chiesa, ma anche di non dimenticare le ansie del quotidiano che nella preghiera comunitaria trovano il momento privilegiato di espressione e maturazione.

1.5.5 *Adoratio sanctae Crucis*: un'esperienza performativa

Il gesto di adorazione della Croce appartiene alla liturgia della Chiesa di Gerusalemme in quanto il vero legno della Croce era in suo possesso. Questo rito entra a pieno titolo nella liturgia latina solo nell'alto medioevo con due pratiche diverse: una specifica per le celebrazioni papali, l'altra per i *Tituli* di Roma. Quando i padri conciliari chiedono la riforma della liturgia, la Settimana Santa era già stata rivisitata secondo il mandato del Papa Pio XII, ma si ritiene che alcune modifiche debbano essere fatte: "*I riti dell'adorazione della croce richiedono senza alcun dubbio alcuni ritocchi; ma, anche qui, ci si può legittimamente domandare se bisogna conservare un unico rito o se non sia preferibile proporne diversi a scelta*"[69]. Viene preso in considerazione l'uso di velare la Croce, il suo significato e la difficoltà pastorale che questo gesto può incontrare nella sua applicazione, soprattutto

[68] GIRAUDO, CESARE, *Ascolta, Israele! Ascoltaci, Signore! Teologia e spiritualità della Liturgia della Parola*, p. 112.
[69] NOCENT, ADRIEN, *Riforma del Triduo Sacro?*, «Rivista liturgica», 55 (1968), p. 45.

slegata dalla tradizione di velare le Croci già dall'inizio della Quaresima correndo così il rischio di *"cader nel teatrale e nell'artificioso, per il quale la generazione attuale trova tanta ripugnanza"*[70].

Viene presa in considerazione la possibilità di proporre il rito dell'ostensione della Croce in modi diversi; tra le varie ipotesi trova rilievo la proposta di un sacerdote che, rispondendo alle domande di un Referendum, indica la possibilità dell'introduzione della Croce secondo la modalità del «*Lumen Christi*» del Sabato Santo *"ed insisteva anche su un certo parallelismo: la croce arriverebbe dal fondo della chiesa mentre all'invito «Ecce lignum Crucis» i fedeli adorano la croce cantando «Venite adoremus»"*[71].

Si insiste anche sul fatto di mantenere un'unica Croce da proporre alla venerazione dei fedeli sottolineando che *"essi amano fare un gesto personale e baciare la croce"*[72], ma ci si preoccupa anche della possibilità che la celebrazione sia protratta per un tempo troppo lungo, si ipotizza di recuperare la coincidenza tra il gesto di adorazione della Croce e la distribuzione dell'Eucaristia secondo l'uso testimoniato dall'Ordo XXXI[73], così da non allungare troppo i tempi celebrativi. Si pensa anche alla possibilità che l'adorazione della Croce possa essere fatta al di fuori della celebrazione, *"ma questa soluzione nella sua estrema praticità distrugge in gran parte tutto il valore del rito e il suo aspetto comunitario"*[74].

Il secondo momento da cui è formata la Celebrazione della Passione del Signore riformata dal Vaticano II è quello dell'*"Adoratio sanctae Crucis"*, due sono le tipologie proposte, una più solenne e legata alla rappresentazione mimetica, che segue lo schema tradizionale del triplice svelamento/ostensione/adorazione al canto dell'antifona *Ecce lignum*. La Croce che viene introdotta nell'assemblea apre a un'espressione di *"movimento gesto e canto"*[75] che a sua volta introduce al paradosso di una presenza assenza (velare/svelare) che diventa *"chiave per andare oltre, verso la pienezza"*[76].

---

[70]NOCENT, ADRIEN, *Riforma del Triduo Sacro?*, p. 45.
[71]NOCENT, ADRIEN, *Riforma del Triduo Sacro?*, p. 45-46.
[72]NOCENT, ADRIEN, *Riforma del Triduo Sacro?*, p. 46.
[73]ANDRIEU, MICHEL, *Les Ordines Romani du haut moyen age*, vol. 3, p. 497-498.
[74]NOCENT, ADRIEN, *Riforma del Triduo Sacro?*, p. 47.
[75]CATELLA, ALCESTE – GIORDANO, REIMONDI, *Contemplare la gloria, ricevere la grazia*, in CATELLA, ALCESTE - REMONDI, GIORDANO, (ed.) *Celebrare l'unità del Triduo pasquale. 2. venerdì santo: la luce del Trafitto e il perdono del Messia*, Leumann (To), Elle Di Ci, 1995, p. 11.
[76]CATELLA, ALCESTE – GIORDANO, REIMONDI, *Contemplare la gloria, ricevere la grazia*, p. 11.

Nel rito di adorazione della Croce entrano in gioco molteplici linguaggi e azioni. La Croce è portata – in alcuni casi svelata – e mostrata all'assemblea. "*Le espressioni del volto e lo sguardo... svolgono ruoli decisivi sia in ordine alla manifestazione delle emozioni sia nei rapporti interpersonali*"[77], il guardare la Croce svelata nella sua cruda nudità può condurre ad "*accorgersi di essere guardati*"[78], essa apre alla ricerca del volto del Cristo, che viene scoperto come esperienza di reciprocità che conduce ad un mutamento emotivo, "*l'essere guardati stimola sensazioni e sentimenti nuovi, imprevisti. Soprattutto desta un rapporto di responsabilità*"[79].

Se è vero che nei riti sacri "*il corpo stesso si fa luogo di una delle esperienze più profonde dell'uomo*"[80], nel rito dell'adorazione della croce questo di manifesta in maniera dirompente in quanto il contrapporsi del fedele e della Croce svelata danno vita ad una dinamica di "*divergenza e convergenza: divergenza perché ci si dispone verso l'altro, allontanandosi per così dire da sé, e convergenza perché con l'altro ci si muove verso un punto condiviso*"[81]. Ecco che lo sguardo di adorazione, provocato all'assemblea dall' "*ecce*" di apertura dell'antifona che accompagna il gesto rituale, non solo indica "*ciò che non si può vedere*"[82], ma invita a lasciarsi guardare "*nella sua unicità, irripetibilità e, quindi, alterità inviolabile*"[83]. Tutto questo porta a una compromissione del fedele con l'altro che sta di fronte, in questo caso la Croce. Un primo grado di compromissione è l'acclamazione con il canto, che in un certo modo amplifica le parole cercando di arricchirne il senso. Ma soprattutto la compromissione avviene al momento dell'adorazione personale quando con il gesto del bacio si crea un contatto con la Croce "*che si qualifica come un massimo di vicinanza, e che quindi può comportare... una forma intensa di cordialità e di affetto*"[84].

---

[77]BONACCORSO, GIORGIO, *Il gesto come spazio e azione nella liturgia*, in: *Celebrare il mistero di Cristo. Manuale di Liturgia. La celebrazione e i suoi linguaggi*, Vol. III a cura DELL'ASSOCIAZIONE PROFESSORI DI LITURGIA, Roma, CLV, 2012, p. 429.

[78]BONACCORSO, GIORGIO, *Il gesto come spazio e azione nella liturgia*, p. 430.

[79]BONACCORSO, GIORGIO, *Il gesto come spazio e azione nella liturgia*, p. 430.

[80]BONACCORSO, GIORGIO, *Il gesto come spazio e azione nella liturgia*, p. 425.

[81]BONACCORSO, GIORGIO, *Il gesto come spazio e azione nella liturgia*, p. 425.

[82]BONACCORSO, GIORGIO, *Il gesto come spazio e azione nella liturgia*, p. 431.

[83]BONACCORSO, GIORGIO, *Il gesto come spazio e azione nella liturgia*, p. 430.

[84]BONACCORSO, GIORGIO, *Il gesto come spazio e azione nella liturgia*, p. 443.

Nel rito di velazione e svelamento della Croce nella Celebrazione della Passione del Signore ci si trova di fronte ad un'esperienza di *"afania ed epifania"*[85] che richiamano indubbiamente il lucernario della veglia pasquale. Sia la Croce che la luce (e di conseguenza il cero pasquale) sono simboli cristologici. Da una parte la Croce richiama alla salvezza operata da Cristo crocifisso, dall'altra la luce è evidente richiamo alla forza della sua Risurrezione che spezza *"i vincoli della morte"*[86].

La specularità di questi gesti rituali evidenzia un contenuto di valenza salvifica: il Crocifisso per portare a compimento la sua opera redentrice deve vivere il momento della risurrezione. Se da una parte la riflessione patristica ha individuato nell'evento della Croce il momento genetico dell'esperienza sacramentale della Chiesa, dall'altra nella risurrezione, simboleggiata dalla luce del cero pasquale, viene richiamato il Battesimo.

La seconda forma che il Messale Romano riporta per l'adorazione della Croce prevede l'introduzione della Croce nell'assemblea, mediante una processione con tre stazioni a ciascuna delle quali è associato il canto dell'*Ecce lignum*, la genuflessione e un breve silenzio di adorazione. Questa forma richiama, così come già accennato, la processione con il cero pasquale nella notte santa e la triplice acclamazione che accompagna il gesto; questo richiamo così evidente tra le due azioni rituali vuole porre attenzione sull'unione della redenzione attuata sulla Croce e il suo compimento realizzato nella risurrezione. Entrambe le modalità si concludono con l'adorazione da parte di tutto il clero e il popolo: *"Si presenti la croce all'adorazione di ciascun fedele, perché l'adorazione personale della croce è un elemento molto importante in questa celebrazione"*[87]. In casi di assemblee numerose è prevista la possibilità di un'adorazione *"fatta da tutti contemporaneamente"*[88].

Dal punto di vista rituale è importante richiamare come la terza edizione di OGMR, a differenza delle precedenti edizioni, richiami l'uso della Croce con il Crocifisso: *"Inoltre vi sia sopra l'altare, o accanto ad esso, una croce, con l'immagine di Cristo crocifisso, ben visibile allo sguardo del popolo radunato. Conviene che questa croce rimanga vicino all'altare anche al di*

---

[85] VINCENZO, RAFFA, *Afania ed epifania della luce nel triduo pasquale*, in *Miscellanea liturgica in onore di S.E. il Cardinale Giacomo Lercaro*, vol. 1, Roma, Desclée, 1966, p. 559.
[86] *MRI*, p. 167.
[87] SACRA CONGREGATIO RITUUM, Lett. Circ. *"Pascalis Sollemnitatis"*, n° 69.
[88] SACRA CONGREGATIO RITUUM, Lett. Circ. *"Pascalis Sollemnitatis"*, n° 69.

fuori delle celebrazioni liturgiche, per ricordare alla mente dei fedeli la salvifica Passione del Signore"[89]. Questo dato di OGMR[3] si inserisce a gamba tesa nella questione della presenza della Croce con il Crocifisso nella liturgia: *"è noto che in Oriente la Croce viene rappresentata gloriosa, spesso gemmata e senza il Crocifisso, talvolta con il Crocifisso glorioso.... Questo modo di rappresentare la croce, con ovvie varianti, per tutto il primo millennio e oltre fu comune anche alla chiesa latina"*[90]. La devozione all'umanità del Cristo del XIII secolo, il passaggio al realismo dell'umanesimo, con il suo antropocentrismo, fino ad arrivare alle esigenze di difendere il valore salvifico del sacrificio di Cristo sulla Croce della Controriforma, vedono lo sviluppo di un'iconografia sempre più attenta a rappresentare la realtà degli avvenimenti cosicché *"il Crocifisso assume un aspetto livido e convulso che accentua il realismo e il pathos dell'agonia"*[91]. Ancora oggi si tende a raffigurare il Crocifisso nella sua dimensione realistica sicuramente *"coerente con la cultura moderna che pone al centro l'uomo"*[92], ciò non toglie che la dimensione gloriosa della Croce e sacerdotale del Crocifisso siano riprese non solo a livello teologico ma anche dall'arte liturgica.

Ci si trova di fronte ad una sfida che vede la collocazione della Croce e la sua forma artistica non come un dato collaterale, *"comprendere il suo posto nell'economia dell'estetica della poietica liturgica è favorire o non favorire la comprensione della dovuta venerazione"*[93]. Il dibattito non è di facile soluzione, rimane infatti una sfida aperta con la quale i vari operatori si dovranno confrontare evitando ogni chiusura ideologica: *"la problematicità di una sua collocazione, mai data per scontata e una volta per sempre e per lo stesso luogo, è problema antico, ma si presenta alla nostra contemporaneità in divenire quale sfida nei confronti di un ethos liturgico per molti aspetti nuovo. La sfida è da condurre nel coinvolgimento sinergico di architetti, artisti e liturgisti"*[94].

Mi sembra doveroso osservare che le rubriche del Messale Romano nelle sue varie edizioni continuano, riguardo alla Celebrazione della Passione del Signore, a parlare di Croce senza fare riferimento alla presenza del Crocifisso, questo dato può forse essere letto

---

[89] *OGMR*[3], 308.
[90] SORCI, PIETRO, *Croce e Crocifisso nella liturgia,* «Rivista di pastorale liturgica», 255/6(2002), p. 28-29.
[91] SORCI, PIETRO, *Croce e Crocifisso nella liturgia,* p. 29.
[92] SORCI, PIETRO, *Croce e Crocifisso nella liturgia,* p. 29.
[93] MAGGIANI, SILVANO, *Il simbolo della croce nello spazio liturgico. Estetica e poietica,* «Rivista liturgica», 101/1 (2014), p. 129.
[94] MAGGIANI, SILVANO, *Il simbolo della croce nello spazio liturgico. Estetica e poietica,* p. 129.

come una volontà di apertura sia nei confronti della tradizione che delle nuove istanze della riflessione liturgica.

Anche l'esecuzione del canto durante la Settimana Santa assume un valore particolarmente importante[95], necessita di adeguata preparazione ed è opportuno che corrisponda allo specifico di ogni celebrazione. A proposito del rito di Adorazione della Croce si dice: "*durante l'adorazione della croce si cantino le antifone, i «Lamenti del Signore» e l'inno, che ricordano in modo lirico la storia della salvezza, oppure altri canti adatti*"[96].

I canti che il MRI propone per l'adorazione della Croce nella Celebrazione della Passione del Signore sono frutto della tradizione biblica, liturgica e devozionale della Chiesa: "*straordinariamente belli sono i canti che accompagnano l'adorazione della Croce. Prima si intonano gl'Improperi, o rimproveri che il Messia rivolge ai Giudei. Le prime tre strofe di quest'Inno sono alternate dal canto del Trisagio, la preghiera al Dio tre volte santo del quale è giusto glorificare l'immortalità nel momento in cui si degna, come uomo, di subire la morte per noi. Questa triplice glorificazione, in uso a Costantinopoli fin dal V secolo, passò alla Chiesa Romana, che la mantenne nella lingua primitiva, accontentandosi di alternare la traduzione latina delle parole. Il seguito di questo magnifico canto è del più alto interesse drammatico: il Cristo ricorda tutte le indegnità di cui fu fatto segno da parte del popolo giudaico, e mette in risalto i benefici ch'egli elargì all'ingrata nazione. Se l'adorazione non è ancora terminata si passa ad intonare il celebre Inno Crux Fidelis, composto da Venanzio Fortunato, Vescovo di Poitiers, nel V secolo, in onore del sacro albero della nostra Redenzione. Alcuni versi d'una strofa servono da ritornello a tutte le strofe dell'Inno*"[97].

Di particolare significato è l'Inno *Crux Fidelis – Pange Lingua* di Venanzio Fortunato[98]. Questo testo viene composto non per la liturgia, nella quale entrerà a cavallo tra VII e VIII secolo, ma per l'occasione dell'ingresso solenne della reliquia della Santa Croce a Poitiers nel 569. Gli argomenti trattati nell'inno richiamano fortemente il senso

[95]"*Il canto del popolo, dei ministri e del sacerdote celebrante riveste una particolare importanza nella celebrazione della settimana santa e specialmente del Triduo pasquale, perché è più consono alla solennità di questi giorni e anche perché i testi ottengono maggiore forza quando vengono eseguiti in canto.*" SACRA CONGREGATIO RITUUM, Lett. Circ. "*Pascalis Sollemnitatis*", n° 42.

[96]SACRA CONGREGATIO RITUUM, Lett. Circ. "*Pascalis Sollemnitatis*", n° 69.

[97]GUÉRANGER, PROSPER, *L'anno liturgico, Settuagesima – Quaresima – Passione*, Vol II, Edizioni Paoline, Alba (Cuneo), 1957, p. 385.

[98]Cfr. KI-TAE, KIM, *"Fulget crucis mysterium": I due inni di Venanzio Fortunato in onore della S. Croce*, Tesi per il conseguimento del Dottorato in Sacra Liturgia – Sant'Anselmo, Roma, 2010-2011, p. 304-355.

della Celebrazione della Passione del Signore; nelle prime tre strofe troviamo l'invito alla celebrazione della redenzione operata sulla Croce, il richiamo al peccato di Adamo ed il parallelismo tra la Croce e l'albero del Paradiso terrestre, infine il piano liberatore di Dio dal peccato e da Satana. Le strofe dalla quarta alla settima si soffermano sulla vita del Cristo, dall'Incarnazione alla Croce, in particolare le due strofe che si soffermano sulla passione sono caratterizzate dall'uso di termini che rimandano ai Vangeli stessi. Le ultime tre strofe sono totalmente dedicate alla Croce e al ruolo che ha avuto nella salvezza del mondo: questa lode finale alla Croce richiama la sua opera vitale nei confronti dell'uomo, il suo essere segno regale di Cristo e nuovamente la sua azione salvifica. Questo inno è un'interpretazione della *Historia Salutis* a partire dalla antitesi caduta-redenzione così come è presentata dal libro della Genesi. Da questa impostazione teologica Venanzio Fortunato intravede nella Croce la rivelazione dell'amore di Dio verso l'umanità ed il mondo intero. L'inno ci guida a una riconquista del paradiso per mezzo del nuovo albero della vita che è la Croce: "*ipse lignum tunc notavit, damna ligni ut solveret*"[99]. Con le sue tematiche e la sua collocazione nel momento dell'adorazione della Croce, l'inno mette in evidenza la regalità del Cristo crocifisso, ci si trova di fronte non solo ad uno strumento di morte ma ad un simbolo del dominio universale di Cristo. La liturgia invita il credente che prende parte alla Celebrazione della Passione del Signore a vedere nella Croce il Cristo glorioso che esercita la sua regalità nel cielo e sulla terra.

È necessario fare un'annotazione di tipo pastorale: spesso l'impianto innologico proposto dal Messale rimane disatteso per la difficile applicazione nelle assemblee "parrocchiali", che prediligono canti tipici della tradizione e di facile esecuzione. A questo riguardo non solo è auspicabile che le celebrazioni Cattedralizie mantengano fede al dettato liturgico, ma che musicisti e liturgisti collaborino per rendere fruibile questo patrimonio innologico che la Liturgia della Chiesa ci ha trasmesso.

La Celebrazione della Passione è un vero percorso redentivo messo in atto dalla liturgia della Chiesa. L'Assemblea è posta di fronte alla Croce che assume un valore simbolico molto forte: la penitenza che ha caratterizzato il tempo della Quaresima è ora dissolta dalla riconciliazione Divina misticamente significata e acclamata nel *Legno della*

[99]*MRI*, p. 156.

Croce che oggi adora. La Croce assume un valore "performativo" plasmando i fedeli che partecipano a questo suggestivo rito e introducendo la loro vita in un orizzonte nuovo, quello della redenzione operata da Cristo.

1.5.6 *Sacra communio et oratio super populum*

La terza parte della Celebrazione della Passione del Signore è la "*Sacra Communio*". "*La comunione dei fedeli, al venerdì santo, è stata ristabilita dopo molte discussioni*"[100]. In questo giorno, essa avviene con le specie consacrate nella Messa in "*Coena Domini*" e si pone come conclusione e completamento della celebrazione. Uno dei dati che la storia fa emergere in maniera evidente è che la distribuzione della santa comunione nella liturgia della Celebrazione della Passione del Signore è una tradizione specificatamente legata a Roma e ha subito vicende diversificate e mutevoli. Oggi sia la tradizione ambrosiana che la Spagna non prevedono la distribuzione della comunione in questo giorno.

Le modifiche del rito della comunione della Celebrazione della Passione del Signore sono avvenute solo a livello testuale mentre le orazioni "*super populum*" da tre sono state portate a due, una delle quali ha assunto la funzione di "*post communio*", mentre l'altra è rimasta una vera e propria orazione sul popolo[101]. Esse richiamano e anticipano i temi che poi verranno ripresi nella solenne Veglia Pasquale.

1.5.6.1 Conservati nella misericordia

L'*Oratio post communio* è una preghiera presidenziale che presenta una struttura identica a quella delle altre orazioni riservate a chi presiede la liturgia. Essa, nel caso della celebrazione della Passione, non ringrazia per i doni ricevuti, come normalmente accade nella Messa, ma richiamando il mistero della morte e risurrezione del Cristo, implora che sia conservata la misericordia nei fedeli che hanno partecipato al sacro rito.

Il grido del Crocifisso non si perde nel vuoto, non diventa disperazione, ma si fa supplica e intercessione per l'umanità intera. Gesù in questo grido esprime la

[100] NOCENT, ADRIEN, *Riforma del Triduo Sacro?*, p. 47.
[101] CATELLA, ALCESTE, *La celebrazione del venerdì santo. Riflessioni dalla storia*, p. 21.

comprensione che ha del peccato, ma anche della grandezza dell'uomo nel progetto del Padre ed è per questo che si consegna volontariamente alla morte, per rendere i fratelli degni del Padre. La compassione del Signore spesso evidenziata dagli evangelisti è percepita da chi la riceve come misericordia. Come nell'Eucaristia il Signore *"ha voluto comunicarsi a ognuno per tutti riunire nella realtà del suo amore che, dato indistintamente a tutti gli uomini, non fu puro sentimento, ma fu un mettersi a servizio di tutti"*[102], così facendo la comunione il venerdì santo si partecipa allo stesso amore redentore di Cristo che si manifesta soprattutto nel suo perdono senza limiti e senza riserve. Ogni credente, sul piano individuale, è sospinto dalla Scrittura a offrire se stesso in sacrificio spirituale a Dio *"per compiere ciò che manca alla Passione di Cristo"* (Col 1,24); comunicandosi all'Eucaristia il fedele dà compimento al proprio sacerdozio battesimale e si conforma così a quello di Cristo. Se la Celebrazione della Passione del Signore, così come ogni azione liturgica, non è vissuta come momento che dà senso e completezza alla vita non ci sarà nessun effetto né sul singolo né sulla Chiesa e tanto meno diventerà profezia per il mondo nel quale la Chiesa si trova a vivere. Misericordia è uno dei nomi che la tradizione cristiana usa per indicare l'amore di Dio, la Croce è la prova suprema ma soprattutto storica di questo amore. Nicola Cabasilas scrive a riguardo: *"Due caratteristiche rivelano l'amante e lo fanno trionfare, la prima consiste nel fare del bene all'amato in tutto ciò che è possibile, la seconda nello scegliere di soffrire per lui e di patire cose terribili se necessario"*[103], è così che si rivela il senso profondo della misericordia, l'amore passionale di Dio per l'uomo non si è esaurito nel dono della creazione, ma è arrivato a donarsi senza riserve sulla Croce. La Passione che si celebra nel venerdì santo non è altro che passione d'amore.

1.5.6.2 Accresciuti nella fede

"Il cristiano costruisce se stesso entrando nella celebrazione liturgica, sotto l'azione creatrice dello Spirito Santo, per rivivere sacramentalmente l'esperienza evangelica del discepolo che Gesù amava, per giungere a contemplare con la sapienza del cuore la storia della salvezza, che ha il suo centro

---

[102] MARSILI, SALVATORE, *Nel cuore della sacramentalità: il Triduo Pasquale*, p. 529.

[103] CABASILAS, NICOLA, *La vita in Cristo*, in: *La vita in Cristo*, a cura di NERI, UMBERTO, Roma, Città Nuova, 1994.

nell'incarnazione pasquale di Gesù Cristo, Figlio di Dio, e a gustare l'umanità gloriosa del Redentore"[104]. L'aver partecipato alla *Celebratio Passionis Domini*, memoriale della Passione del Signore, invita l'assemblea a stabilire un rapporto intenso tra la *lex orandi* e la *lex agendi*[105], cioè tra il culto e la vita, dopo essere stati trasformati da ciò che abbiamo celebrato siamo chiamati non solo alla contemplazione ma a fare in modo che essa informi il quotidiano. Credo che si possano riprendere le parole del liturgista S. Marsili sul sacrificio della messa e applicarle al contesto rituale della Celebrazione della Passione del Signore quando dice: *"E sant'Agostino spiegando il divin sacrificio ha detto: «Sacrificium est actio sacra, quod facimus ut sancta societate...». Il sacrificio serve per creare una società, una comunità sacra, fra noi e Dio. Questo è il concetto della Messa come sacrificio della Chiesa"*[106], la partecipazione alla Passione del Signore rende l'assemblea "una comunità sacra" e in un certo modo santificata da ciò che viene celebrato. Se *"la comunione è una consacrazione"*[107] comunicare alla Passione del Signore sia attraverso il rito di adorazione della Croce che attraverso la comunione Eucaristica produce un cambiamento. Chi partecipa di questa comunione approfondisce quella relazione con la Chiesa, in un certo modo le dà una forma visibile, creando così un valore identitario tra il credente e il sacrificio della Croce.

L'*essere accresciuti nella fede* dell'*Oratio super populum* è l'ultima parola che viene pronunciata prima di sciogliere in silenzio l'assemblea, è il momento di portare la misericordia, frutto spirituale di quello che abbiamo celebrato, a coloro che sono fuori: *"i segni sono tolti (cfr. Gv 20,17 e At 1, 9-11) perché nel mondo sia manifestato più ampiamente il regno che viene"*[108].

---

[104]DONGHI, ANTONIO, *La vita spirituale e mistica come assunzione della mentalità di Cristo attraverso la celebrazione liturgica*, in *L'esperienza del mistero pasquale nella celebrazione liturgica. Atti del XLVIII Convegno liturgico-pastorale dell'Associazione Opera della Regalità di Nostro Signore Gesù Cristo*, Milano, Centro Ambrosiano, 2007, p. 195.

[105]GIRAUDO, CESARE, *Stupore Eucaristico. Per una mistagogia della messa «attraverso i riti e le preghiere»*, Città del Vaticano, LEV, 2011², p. 125.

[106]MARSILI, SALVATORE, *La Messa, celebrazione del mistero della Pasqua*, «Rivista liturgica», 95 (2008), p. 392-393.

[107]MARSILI, SALVATORE, *La Messa, celebrazione del mistero della Pasqua*, p. 392.

[108]AUGÉ, MATIAS, *Liturgia. Storia, celebrazione, teologia, spiritualità*, Cinisello Balsamo (Mi), San Paolo, 2000⁴ (Universo teologia, 11), p. 164-165.

2 Il Valore "estetico e sacramentale" della Croce nell'adorazione del venerdì santo

La Croce nella *Celebratio Passionis Domini* assume un valore di mediazione sacramentale senza pari nel resto dell'anno liturgico. Essa diviene il centro polare della celebrazione e conduce l'assemblea convocata per commemorare la Passione del Signore ad un'esperienza talmente coinvolgente da divenire un'esperienza performativa della fede.

2.1 L'uso della Croce e il suo valore sacrale nella liturgia della Chiesa

L'avere riscoperto che l'atto liturgico è un momento interno all'atto di rivelazione da parte di Dio e all'atto di fede dell'uomo credente ci permette di comprendere a che profondità il gesto entra in relazione con il culto. I gesti sono dati elementari che costituiscono la coscienza credente. Questi gesti cultuali ci permettono di incontrare il mistero di Dio. I gesti della fede devono essere simbolici per "*tenere insieme ciò che accade sotto i sensi e ciò che non accade sotto i sensi*"[109], il rito stesso chiede gesti che siano simbolici ed essi sono sacri nella misura in cui non dipendono da un qualcuno che vuole esercitare potere ma da "*una potenza intrinseca al gesto, o più precisamente a quel contesto rituale a cui appartiene il gesto*"[110].

Tra i gesti della fede uno emerge con maggior forza ed è il segno della Croce. Esso riguarda il cristiano in ogni momento della sua esistenza: "*Il segno di croce, compiuto dal cristiano su di sé, è testimoniato fin dal III secolo (ma risale forse fino all'età apostolica) come un uso comune, frequente. Scrive Tertulliano: «Se ci mettiamo in cammino, se usciamo ed entriamo, se*

[109] BONACCORSO, GIORGIO, *L'estetica del rito. Sentire Dio nell'arte*, Cinisello Balsamo (Mi), San Paolo, 2013, p. 186.
[110] BONACCORSO, GIORGIO, *L'estetica del rito. Sentire Dio nell'arte*, p. 185.

ci vestiamo, se ci laviamo o andiamo a tavola, a letto, se ci poniamo a sedere, in queste e in tutte le nostre azioni ci segniamo di fronte col segno di croce»"[111].

All'origine dell'esperienza cristiana la Croce era legata prevalentemente all'aspetto verbale o alle rappresentazioni cimiteriali che ci permettono di attestarne un uso antico. Nell'epoca patristica l'uso del segno della Croce è attestato come piccolo segno tracciato sulla fronte, talvolta con valore esorcistico, altre con valore iniziatico[112]. Solo nel momento in cui il cristianesimo assume la libertà a livello civile, che coincide di fatto con la fine delle persecuzioni, l'iconografia, e quindi anche la rappresentazione della Croce, ha un forte incremento, da cui derivano una diffusione e una diversa modalità rappresentativa della Croce. Un aspetto di rilevante importanza è la diffusione dell'uso della Croce gloriosa o gemmata *"dove l'aspetto del supplizio lascia il posto a quello della gloria"*[113].

Lo sviluppo della Croce e della sua forma è un percorso complesso, essa è, inizialmente e principalmente, vissuta e percepita come presenza di Cristo e solo in un momento successivo si assiste alla comparsa del Crocifisso. Quest'ultima avviene in epoca patristica e possiamo individuarne l'origine nel *realismo* inteso *"come espressione della reale incarnazione di Dio: si tratta, spesso, di un Cristo trionfante che, pur segnato dalla passione e dalla sofferenza, vince la morte"*[114].

L'introduzione del Cristo sofferente, in epoca medioevale, muove sempre dall'esigenza di *realismo*, come risposta al bisogno di maggior coinvolgimento del Cristo nella vita di tutti gli uomini: *"la presenza di una figura umana sul legno della croce coinvolge in modo più forte tanto la memoria degli eventi della passione quanto l'esperienza quotidiana delle persone"*[115].

La Croce è però soprattutto legata al momento in cui i credenti si riuniscono per il culto, essa infatti è presente in molti dei linguaggi della liturgia: si parla di Croce, si costruisce a forma di Croce, si espongono immagini e oggetti a forma di Croce, si compiono dei gesti di Croce[116]: nell'antichità compiere il segno di Croce su se stessi o sulle

[111]FALSINI, RINALDO, *Gesti e parole della Messa. Per la comprensione del mistero celebrato*, Milano, Ancora, 2001, p. 91.
[112]RIGHETTI, MARIO, *Manuale di storia liturgica*, Vol. I, Milano, Ancora, 1964[3], p. 368.
[113]BONACCORSO, GIORGIO, *L'estetica del rito. Sentire Dio nell'arte*, p. 190.
[114]BONACCORSO, GIORGIO, *L'estetica del rito. Sentire Dio nell'arte*, p. 190.
[115]BONACCORSO, GIORGIO, *L'estetica del rito. Sentire Dio nell'arte*, p. 191.
[116]BONACCORSO, GIORGIO, *L'estetica del rito. Sentire Dio nell'arte*, p. 189.

cose *"con tutta probabilità aveva lo scopo di commemorare la propria iniziazione cristiana, per affermare o professare che si apparteneva a Cristo"*[117]. Nella liturgia il segno di Croce è generalmente collegato alla formula trinitaria. Il Righetti individua diversi significati del segno di Croce nella liturgia: il sigillo di Cristo, la professione di fede, la sovrana potenza di Cristo contro gli spiriti cattivi, l'invocazione della grazia di Dio, la benedizione di cose o persone ed infine come segno dimostrativo[118].

La Croce, quando si trova in un contesto liturgico, è soggetta all'esperienza estetica che è specifica della prassi rituale della liturgia cristiana ed in questo contesto essa è sia forma di un oggetto che di un gesto: *"l'importanza dell'oggetto per il gesto non deve far trascurare l'inverso, ossia l'importanza del gesto per l'oggetto. E così, l'importanza della croce per i gesti più diffusi nella cristianità non deve far trascurare l'importanza di tali gesti per la croce stessa intesa come oggetto ligneo, marmoreo o pittorico"*[119].

Ci sono testimonianze che come abbiamo già indicato risalgono all'epoca patristica e si riferiscono al piccolo segno di croce che era fatto con il pollice, in genere sulla fronte, talora su altre parti del corpo. Poco più tardi compaiono le prime testimonianze liturgiche. Si tratta sempre del piccolo segno di croce che accompagna in vari momenti la liturgia battesimale, con la quale è comunicato il mistero della Pasqua di Cristo per vivere nella comunione della Trinità.

Vi è poi l'uso di segnarsi sul petto che risale al V secolo: nasce in Oriente, si diffonde poi in Gallia e nel rituale romano. Nel VI secolo, si manifesta l'uso di segnarsi con tre o due dita aperte, mentre le altre sono tenute chiuse. Queste modalità hanno origine in Oriente e si diffondono poi alla tradizione latina in relazione alle dispute Trinitarie e Cristologiche.

Il grande segno di croce appare in ambito monastico intorno al X secolo, ma si ipotizza un uso privato già anteriore. All'inizio era tracciato ancora con le tre dita aperte e scendendo dalla fronte al petto, passando poi dalla spalla destra a quella sinistra, secondo la modalità orientale. La tradizione latina successivamente ha cominciato ad usare la mano

---

[117]FALSINI, RINALDO, *Gesti e parole della Messa. Per la comprensione del mistero celebrato,* p. 91.
[118]RIGHETTI, MARIO, *Manuale di storia liturgica,* p. 367-371.
[119]BONACCORSO, GIORGIO, *L'estetica del rito. Sentire Dio nell'arte,* p. 194.

distesa, invertendo il senso da sinistra a destra, uso che sarà reso ufficiale dalla Riforma Liturgica del Concilio Tridentino.

Il segno della croce era spesso accompagnato da una formula, quella trinitaria, divenuta canonica nel IX secolo, ma è stato legato anche ad altre formule[120].

2.1.1 Il gesto dell'adorazione della Croce come "*actuosa participatio*"

La Celebrazione della Passione del Signore può essere un'utile opportunità per rileggere il dettato Conciliare sulla "*partecipazione attiva*"[121] come norma di comprensione dell'azione sacramentale in genere e quindi anche occasione per riconoscerle il ruolo centrale nella vita liturgica della Chiesa che è "*cuore pulsante (e sacro) della esperienza liturgica*"[122]. Partecipare attivamente alla liturgia è la modalità ordinaria per essere introdotti nel mistero pasquale[123]. Nella dinamica umana della comunicazione del divino il rito non è un semplice rivestimento esterno, ma costituisce l'evento stesso di grazia, è nella partecipazione di tutta la sua persona e nel rispetto delle proprie caratteristiche e del proprio ruolo che l'uomo entra in contatto con il mistero di Dio nella completezza della sua umanità e non solamente in un contatto ideale: "*La celebrazione in cui si incarna il gesto del Signore è segno efficace: quindi fa quello che dice e di conseguenza dice quello che fa. Lo dice attraverso il segno che rende visibile la grazia e le esigenze del mistero con un linguaggio in cui parola e gesti si compongono nell'unità del rito, parlando con efficacia pedagogica a tutto l'uomo e non solo alla mente. Il criterio fondamentale annunciato dal concilio è perciò di fare l'esperienza del*

---

[120]RIGHETTI, MARIO, *Manuale di storia liturgica*, p. 371-373.

[121]SC, 14.

[122]GRILLO, ANDREA, *La partecipazione attiva come superamento del "paradigma medioevale nella comprensione della ministerialità sacramentale*, in *Liturgia e Ministeri Ecclesiali. Atti della XXXV Settimana di studio dell'Associazione Professori di Liturgia*, Roma, C.L.V.- Edizioni liturgiche, 2008 ("Bibliotheca «Ephemerides liturgicae». Subsidia", 146), p. 160.

[123]Per sintetizzare la complessità degli avvenimenti che riguardano la persona e la vita di Gesù si usa l'espressione sintetica «*mistero pasquale*», divenuta *formula tecnica per la fede* soprattutto per rispondere ad un esigenza catechetica. Essa comprende cinque momenti: *la passione, la morte, la risurrezione, l'ascensione di Gesù e la pentecoste*. Ognuno dei quali rivela un aspetto della vita del Risorto senza esaurirne il contenuto contemplando così la vita del Signore da una prospettiva particolare (cf MR, *Proefatio I de Dominicis* per annum; SAN LEONE MAGNO, *Sermo* 74, 2 [CCL 138A, 457]; *SC*, 5-6; GIOVANNI PAOLO II, lett. ap. *Vicesimus quintus annus*, 4 dic. 1988, in *AAS* 81(1989), n° 6; CCC 1115.

mistero passando attraverso il rito. «I fedeli non assistano come estranei e muti spettatori a questo mistero di fede, ma comprendendolo bene per mezzo dei riti e delle preghiere, partecipino all'azione sacra consapevolmente, piamente e attivamente» (SC 48)"[124].

Il passaggio dalla forma orientale del rito dell'adorazione della Croce nel venerdì santo a quella della tradizione romana produce un'azione rituale semplice, scarna ed essenziale. La parte iniziale dell'adorazione viene descritta nell'Ordo XXIV come un'azione lineare quasi spoglia: "*Praeparetur crux ante altare, interposito spatio inter ipsam et altare, sustentata hinc inde a duobus acolitis*"[125]. Ancora oggi, nella Riforma del Vaticano II, il rito appare sobrio e misurato, anche la struttura e la forma dei canti proposti sembrano immaginati e creati "*per animare e sostenere il ritmo processionale avente per meta la Croce*"[126]. La stessa antifona *Ecce Lignum*, ripetuta per tre volte man mano che la Croce viene svelata o procede dal fondo della Chiesa, gioca sul duplice valore ostensivo-invitatorio delle parole *Ecce* e *venite*, generando così una tensione che sospinge l'assemblea all'incontro non solo con un approccio visivo ma con il muoversi incontro alla Croce stessa. La liturgia non cerca di costruire solo un movimento di tipo esteriore ma si propone di creare un ponte tra i partecipanti, l'oggetto adorato e gli eventi della Passione, che avrà il suo apice nell'atto comunitario di adorazione e bacio della Croce. Nel rito di adorazione, così come ci è consegnato dalla Riforma, è messo in evidenza che il vertice di tutta l'azione è la Croce. Senza questa convinzione, la partecipazione attiva a questo rito rischia di diventare un soffocante attivismo che può cadere in una gestione demagogica e accentratrice del rito stesso da parte di chi presiede o di chi è chiamato a compiere il gesto rituale: "*la celebrazione ha un ritmo che non tollera né fretta né lungaggini e chiede equilibrio tra parola, canto e silenzio*"[127] e necessita che i rispettivi ruoli e competenze siano rispettati da ciascuno dei celebranti. Sembra quasi che ci sia una volontà figurativa da parte dell'atto liturgico che cerca di ideare i ruoli di un'azione drammatica che ha come protagonisti il Crocifisso e l'assemblea e come fine la ricostruzione del contesto narrativo dei racconti della Passione.

---

[124] CONFERENZA EPISCOPALE ITALIANA, Doc. past., *Eucaristia comunione e comunità*, 22 mag. 1983, in *ECEI*, 3, p. 746.

[125] ANDRIEU, MICHEL, *Les Ordines Romani du haut moyen age*, vol. 4 p. 293.

[126] ROPA, GIAN PAOLO, *Il preludio all'adorazione della Croce nel venerdì santo*, in *Miscellanea liturgica in onore di S.E. il Cardinale Giacomo Lercaro*, vol. 1, Roma, Desclée, 1966, p. 615.

[127] CONFERENZA EPISCOPALE ITALIANA, Nota past., *Il volto missionario delle parrocchie in un mondo che cambia*, 30 mag. 2004, in *ECEI* , 7, p. 840.

La prospettiva simbolico-rituale, che soggiace alla liturgia in genere e qui applicata al momento dell'adorazione della Croce nel venerdì santo, permette di costruire una rete di soggetti che assumono una nuova identità ecclesiale che non si sporge più sul soggettivo o sull'oggettivo, ma che li tiene insieme in una proposta ministeriale completa, complessa e complementare.

Va evidenziato che manca un legame simbolico con l'altare, che per questo rito rimane solo uno sfondo, non essendo coinvolto in maniera diretta con l'azione rituale. Il rischio è quello di perdere il legame sacramentale e sacrificale che soggiace all'altare stesso, perdendo anche la possibilità di tenere unite, come la prassi antica suggerisce, attraverso la coincidenza della processione per il bacio della Croce e per ricevere la comunione, l'adorazione della Croce e la comunione Eucaristica.

L'adorazione della Croce non esaurisce la sua forza nella dimensione commemorativa degli eventi della Passione, ma ad essa è legato "*un processo ricorrente di vita della grazia, e questo processo è posto in relazione, nel suo ultimo atto, col Mistero della Salvezza rivissuto nella liturgia del giorno*"[128]. Al centro della Celebrazione della Passione del Signore, come per ogni azione rituale, c'è la comunicazione della grazia di Dio, la salvezza si irradia dalla Croce gloriosa di Cristo ad ogni uomo e donna che si accosta a questo rito in piena adesione di fede. Diviene necessario riscoprire il senso analogico di questa celebrazione secondo la prospettiva che i liturgisti medioevali avevano, "*obbedendo ad un irrefrenabile bisogno di trasfigurazione simbolica si propose di creare mediante i segni un vasto interesse relazionale intorno al rito, suggerendo il modo e le circostanze, in proiezione anche storica, della sua azione soprannaturale, le età successive, meno sensibili al richiamo analogico, ridussero il rito ad indicare soprattutto che detta azione soprannaturale si compie*"[129].

Partendo da queste sottolineature si può rileggere il dato che la Riforma Liturgica, secondo *SC* 14, è giustificata come atto di servizio alla "*partecipazione attiva*" di tutti i fedeli alla liturgia e di conseguenza anche la riforma del Triduo Pasquale si muove in questo nuovo orizzonte partecipativo. La rilettura del rito dell'adorazione della Croce, come

[128]ROPA, GIAN PAOLO, *Il simbolismo medioevale della Croce svelata*, in *Miscellanea liturgica in onore di S.E. il Cardinale Giacomo Lercaro*, vol. 2, Roma, Desclée, 1967, p. 959.
[129]ROPA, GIAN PAOLO, *Il simbolismo medioevale della Croce svelata*, p. 959.

azione comune che "*mobilita e valorizza tutti i tratti del coinvolgimento rituale dei celebranti*"[130], ci permette di intravedere la necessità di non dare per scontato nessuno dei registri comunicativi di questa celebrazione ma di tenere sempre vivo e in dialogo il rapporto essenziale tra esteriorità ed interiorità. Infatti nella liturgia della Nuova Alleanza ogni cristiano è pienamente *leiturgos*, in quanto l'offerta della sua vita, in comunione con il sacrificio di Cristo, è il culto spirituale gradito a Dio: "*se l'actuosa participatio costituisce una forma nuova del partecipare ecclesiale e comunitario alla celebrazione liturgica, era ovvio che dovesse suscitare, prima o poi, un nuovo interesse per la forma di questo celebrare. Si è detto, giustamente, che questo nuovo modello ha costretto tutta la chiesa a passare prima dall'assistere al partecipare, poi dal partecipare al celebrare. La actuosa participatio comporta pertanto una nuova ars celebrandi*"[131].

Se le celebrazioni liturgiche sono sorgente e forma dell'agire cristiano, se sono realmente incontro con quel Cristo che cambia la vita, la partecipazione attiva è la rivelazione espressiva e impressiva di questo incontro. L'incontro con il Cristo crocifisso, come ogni incontro d'amore, non è semplice comunicazione di conoscenze teoriche, ma esperienza del mistero pasquale. L'esperienza non è guardare cosa fanno gli altri, ma partecipazione attiva che non si limita in una ricerca di bellezza a livello di cerimonie, né cerca di soddisfare un vago e passeggero bisogno di sacro, ma cerca di comunicare il mistero "*per ritus et preces*"[132]. Un'esperienza di questo tipo non si improvvisa, ma richiede una passione che cerchi non solo una soddisfazione momentanea ma che nell'intreccio di competenze e ministerialità permetta all'assemblea celebrante di essere trasfigurata e allo stesso tempo di diventare icona di quel Cristo che si rivela sotto i veli della passione.

2.1.2 Svelare la Croce: un simbolismo relazionale

La Celebrazione della Passione del Signore è il luogo di gestazione dove la Parola e la preghiera generano un rito di "ostensione" carico di senso[133]. La Croce è prima predicata

[130] *Commentario ai documenti del Vaticano II*, a cura di NOCETI, SERENA – REPOLE, ROBERTO, Bologna, EDB, 2014, p. 116.
[131] GRILLO, ANDREA, *Che ne è oggi dell'«actuosa participatio»?*, «Rivista di Pastorale Liturgica», 296 (2013), p. 52.
[132] *SC*, 48.
[133] CATELLA, ALCESTE, *La celebrazione del venerdì santo. Riflessioni dalla storia*, p. 35.

sotto i veli della Parola, che rimane la strada maestra dalla quale non ci si può scostare per raggiungere ciò che è stato promesso: il "*rivelarsi pieno dell'amore sulla Croce*"[134], mentre il rito di svelamento della Croce è "*una sorta di sacramentum visionis tramite cui la croce non è mostrata, ma svelata, rivelata*"[135].

Il verbo "vedere" per la liturgia ha un valore molto alto, perché a partire dalla Controriforma è stato legato sempre più all'esperienza della partecipazione al rito da parte dei fedeli. Il vedere come elemento di partecipazione alla liturgia trova il suo apice in epoca barocca: "*nella sontuosità dei paramenti, degli ori, degli stucchi e dei drappeggi ricamati; nella parola della predicazione, sempre più incline alla teatralità; nell'elaborazione retorica del testo canoro e nella sperimentazione espressiva delle forme musicali polifoniche (fra frivolezza, grandiosità e accenti lirici ed emotivi); nella dilatazione degli spazi e nella moltiplicazione degli assi dell'edificio ecclesiale (grazie alla costruzione di sontuose cappelle, tribune, coretti); nel trionfo del movimento (esaltato dalla combinazione di linee curve e diritte), della piega e della luce, tutti i linguaggi dell'arte sono convocati per cambiare il luogo di culto in un mondo magico, capace di impressionare gli occhi e il cuore del fedele e metterlo così in stato di grazia*"[136]. Si consolida così una liturgia sbilanciata sul contesto rituale dato che il testo, sia verbale che gestuale, rimane completamente appannaggio del clero.

Sarà la Riforma Liturgica del Vaticano II, nella quale sono sfociati il lavoro e la riflessione del Movimento Liturgico, ad orientare l'idea del vedere in una nuova direzione, in cui esso non si manifesta come unica attività possibile ma viene legato in un intreccio di azioni. Il fedele non è più mero spettatore, ma diventa protagonista dell'azione rituale, così da trovarsi proiettato dentro il rito dove il vedere è una delle modalità con cui si interagisce nell'azione rituale stessa. Una certa visione illuministica continuerà ad orientare l'esperienza liturgica in una direzione maggiormente didattica, in cui ogni elemento deve essere spiegato così da risultare chiaro e comprensibile, dimenticando la necessità di uno sguardo sintetico del rito che tenga insieme la molteplicità dei codici all'interno dell'azione.

---

[134]CATELLA, ALCESTE, *La celebrazione del venerdì santo. Riflessioni dalla storia*, p. 34.
[135]CATELLA, ALCESTE, *La celebrazione del venerdì santo. Riflessioni dalla storia*, p. 35.
[136]TOMATIS, PAOLO, *"Accende lumen sensibus". La Liturgia e i sensi del corpo*, Roma, C.L.V.-Edizioni liturgiche, 2010 ("Bibliotheca «Ephemerides liturgicae». Subsidia", 153), p. 248.

Diventa necessario cambiare prospettiva, il guardare deve essere compromesso con l'azione, uscendo dall'idea della teatralità tipica dello spettacolo, a cui si assiste come semplice spettatore, per passare a una *"partecipazione totale"*[137] che non ha bisogno di pratiche sostitutive rispetto al rito, ma che mira ad un coinvolgimento totale nell'azione senza perdersi in una ricerca superficiale di significato.

Il mistero si fa immagine così da stimolare chi guarda non tanto a formarsi una rappresentazione della realtà, quanto ad intuire il senso del mistero stesso che si dà in quella stessa realtà. La simbolizzazione diventa quindi la prospettiva necessaria nella quale l'immagine diventa possibilità di incontro con il mistero, passando dalla pura osservazione dei fatti alla percezione che vi è un senso con il quale si è chiamati ad entrare in relazione ad un livello profondo. Il vedere della liturgia non imprigiona l'evento che si guarda, *"ma permette di incontrare Colui che si dà nell'immagine: non un godimento fine a se stesso, ma il contatto con il mistero rappresentato. Grazie all'azione liturgica l'immagine entra nella trama del rito e si fa via affidabile affinché l'Invisibile si dia nel visibile"*[138].

L'ostensione della Croce nella Celebrazione della Passione del Signore non è semplicemente un rito che cerca di suscitare emozioni e sentimenti e non mira soltanto a dare spiegazioni su ciò che è accaduto nella vicenda storica della Passione, ma ha come scopo principale quello di condurre l'assemblea a prendere consapevolezza che nella Croce è racchiuso il dono della redenzione: *"si volle creare un vasto interesse di tipo «relazionale» attorno e tramite il rito"*[139]. Svelando la Croce il fedele è introdotto nelle profondità della rivelazione stessa di Dio e nella contemplazione partecipa alla Passione del Signore.

L'intento della Celebrazione della Passione del Signore è quello di creare comunione tra i credenti e il *Lignum Salutis*, secondo due prospettive complementari: da una parte si cerca di unire il fedele che partecipa al rito agli eventi che la narrazione dei Vangeli ci tramanda riguardo la Passione e in modo specifico la Crocifissione; dall'altra si cerca di introdurre l'assemblea celebrante alla consapevolezza che la Chiesa è chiamata a

---

[137] GUARDINI, ROMANO, *Il testamento di Gesù*, Milano, Vita e Pensiero, 1993, p. 46.
[138] CAVAGNOLI, GIANNI – DELLA PIETRA, LORIS, *"Vedere" dentro il rito*, «L'Emmanuele», 2 (2016), p. 25.
[139] CAVAGNOLI, GIANNI – DELLA PIETRA, LORIS, *"Vedere" dentro il rito*, «L'Emmanuele», 2 (2016), p. 26.

partecipare alla manifestazione gloriosa del Crocifisso-Risorto, che sulla Croce si manifesta come Re e Signore.

In epoca medioevale, presumibilmente dopo il XII secolo, nel passaggio dallo svelamento della Croce in un unico atto che, secondo l'interpretazione allegorica dei liturgisti del tempo richiamava la *"veli templi scissio"*[140], allo svelamento della Croce in tre momenti, a cui corrispondeva rispettivamente il canto dell'antifona *Ecce Lignum*, si è vista la volontà di richiamare il mistero Trinitario. Nell'Epifania della Croce non solo è rivelata la natura divina del Cristo ma in un certo modo è manifestata, anche se sotto i veli della Passione, la realtà della Trinità stessa. Questa interpretazione medioevale ci conferma nell'idea che il rito della *develatio Crucis* ha un *"carattere eminentemente simbolico"*[141] ed è *"imperniato su di una dialettica absconditum-revelatum d'ispirazione scritturale"*[142].

La dialettica *absconditum-revelatum* è alla base del rapporto che intercorre tra la *"sinassi didattica"*[143], quella che oggi chiamiamo liturgia della Parola e lo svelamento della Croce: *"il velo, cadendo, conferisce simbolicamente alle letture della commemorazione liturgica la pienezza del loro senso"*[144]. I testi della Parola di Dio proclamati nella Celebrazione della Passione del Signore annunciano *sub velamine*[145] la *Passio Domini* allo scopo di gettare luce sul Mistero della Croce. Il simbolismo dello svelamento della Croce compie e realizza la parola di Dio proclamata in quanto il culto non è solo annuncio ma anche esperienza vitale, spingendo in un certo modo il credente a compiere il percorso inverso, cioè dal *revelatum all'absconditum*, stimolandolo a cercare nella Parola il motivo genetico del rito stesso: *"la liturgia appartiene all'ordine dell'azione, si dà nella celebrazione. Non è pura esteriorità né pura interiorità, ma è, come la persona umana, sintesi vitale ed integrale che si esprime nel concreto di un'azione; è realizzazione in atto dell'uomo, aperto nella fede alla relazione con il Dio che si offre come nostra salvezza per mezzo di Gesù Cristo nello Spirito"*[146]. È quindi da ricercare nel rito dello svelamento della Croce un rimando al progetto generale del Triduo Pasquale

---

[140]ROPA, GIAN PAOLO, *Il simbolismo medioevale della Croce svelata*, p. 993.
[141]ROPA, GIAN PAOLO, *Il simbolismo medioevale della Croce svelata*, p. 995.
[142]ROPA, GIAN PAOLO, *Il simbolismo medioevale della Croce svelata*, p. 995.
[143]ROPA, GIAN PAOLO, *Il simbolismo medioevale della Croce svelata*, p. 998.
[144]ROPA, GIAN PAOLO, *Il simbolismo medioevale della Croce svelata*, p. 999.
[145]BELETH, JOANNES, *Rationale divinorum officiorum*, CIV, PL 202, col: 109: *Quod enim duae lectiones legantur, declarat Cristum passum fuisse pro duobus potissimum populis, Hebraeo niminum et gentili. Sed earum una ex lege sumpta est... altera ex prophetis... quia Christi passio et a lege fuit... et a Prophetis praedicata, et... sub velamine quodam revelata.*

che ha come scopo principale introdurre il credente e l'assemblea celebrante nel mistero della morte-risurrezione incoraggiandoli a desiderare che ciò che è promesso (*absconditum*) si realizzi (*revelatum*). Ecco che la dinamica del venerdì santo si ricongiunge alla prospettiva di tutto il Triduo Pasquale rivelando la propria intenzione profonda di diventare anticipo della risurrezione.

È il tema della Redenzione che lega il Triduo Pasquale in un *unicum* celebrativo rendendo l'esperienza rituale un vero luogo teofanico ed illuminante. Il bisogno di redenzione della comunità cristiana muove la Celebrazione della Passione del Signore non solo verso una rivisitazione storica dei fatti ma, suscitando il bisogno di salvezza e la capacità di accoglierla, si dipana pian piano nei vari elementi rituali e fa in modo che i contenuti e l'esperienza che ne consegue possano essere vissuti attraverso le parole e i gesti che la liturgia consegna come unico atto celebrativo.

La liturgia della Parola di questa celebrazione diviene lo sfondo dell'opera della redenzione *"non si tratta di uno sfondo immobile, pienamente delineato in tutti i suoi particolari"*[147]. Ciò che è nascosto nelle pieghe della Parola si manifesterà attraverso la visione della Croce innalzata al centro dell'assemblea: *"questa costituisce la «rivelazione» ultima e conclusiva di tutte le rivelazioni parziali e progressive della parola sacra"*[148].
Nel venerdì santo la liturgia riesce, in modo del tutto particolare, a mostrare *"un crescendo così efficace di valori concettuali, storici e figurativi ordinati al centro della celebrazione"*[149] e a permettere che il contesto nel quale si svolge l'azione sacra, che è l'azione di svelamento ed ostensione della Croce, coinvolga l'assemblea in una *"pienezza di sensi e di grazia"*[150]. Il Mistero rivelato nel momento dell'ostensione della Croce non è quindi solo l'occasione per venerare un oggetto carico di ricordi e sentimenti, ma è la porta di accesso alla Redenzione operata da Cristo morente sulla Croce, che crea in chi partecipa a questo sacro rito una vera relazione personale con il Redentore, *"un vincolo così saldo che nulla potrà mai spezzare"*[151].

---

[146]GIRARDI, LUIGI, *«Del Vedere L'Ostia...». La visione come forma di partecipazione*, «Rivista liturgica», 87(2000), p. 449.
[147]ROPA, GIAN PAOLO, *Il simbolismo medioevale della Croce svelata*, p. 1006.
[148]ROPA, GIAN PAOLO, *Il simbolismo medioevale della Croce svelata*, p. 1007.
[149]ROPA, GIAN PAOLO, *Il simbolismo medioevale della Croce svelata*, p. 1007.
[150]ROPA, GIAN PAOLO, *Il simbolismo medioevale della Croce svelata*, p. 1008.
[151]MRI, *Preghiera Eucaristica della Riconciliazione I*, p. 919.

2.1.3 Adorare il Crocifisso Risorto, sguardo prolettico della Risurrezione

"Nella memoria annuale della Passione del Signore, nel clima battesimale del Triduo Pasquale, la Croce gloriosa e vittoriosa di Cristo Gesù è solennemente «riconsegnata» alla comunità cristiana e al singolo fedele"[152]. E' a partire da questo riconsegnarsi della Croce all'assemblea celebrante che il *mysterium crucis* diviene fruibile e sperimentabile non solo sotto la forma del servo sofferente ma come vittoria e anticipo della Risurrezione.

Il Crocifisso-Risorto è il fondamento della fede Cristiana, solo partendo dalla comprensione della dinamica morte e risurrezione è possibile accostarsi al Cristianesimo senza rischiare di perderne il significato più profondo: *"la teologia della Croce è la Risurrezione, perché la Risurrezione è la risposta divina e l'interpretazione divina della Croce"*[153]. Croce e Risurrezione sono le due parole che fondano il paradosso della vita del credente e che allo stesso tempo danno forma all'agire della Chiesa e in modo specifico a quello liturgico: *"I Vangeli sinottici caratterizzano la morte in croce esplicitamente come evento cosmico e liturgico: il sole si oscura, il velo del tempio si squarcia in due, la terra trema, dei morti risuscitano"*[154].

La Croce è l'evento che colloca la libertà del Cristo come condizione perché la verità di Dio si manifesti e sia compresa per quello che è veramente, questa libertà è lo stile con cui Gesù affronta tutta la sua vicenda umana ed è in essa che si colloca un altro elemento costitutivo della storia del Cristo che è la fedeltà. Libertà e fedeltà fondano il Mistero della vita del Signore, ma soprattutto sono la base della vicenda della Passione. La Croce risulta quindi come conseguenza di una necessaria coerenza alle scelta di una vita che abbia come orizzonte la fedeltà alla verità di Dio che si rivela agli uomini in una esigenza di redenzione. Questo atto volontario del Creatore che mira alla salvezza di ogni uomo è posto in essere da Dio nella forma di un'alleanza che prevede la condivisione della vita stessa dell'umanità. Nella Croce è quindi nascosto il disegno sorprendente dell'Onnipotente che rivela la bellezza e l'amore di un Dio che si rivela come Padre che ha

---

[152]MAGGIANI, SILVANO, *«Ecce Lignum Crucis»: la Croce gloriosa*, in CATELLA, ALCESTE - REMONDI, GIORDANO, (ed.) *Celebrare l'unità del Triduo pasquale. 2. venerdì santo: la luce del Trafitto e il perdono del Messia,* Leumann (To), Elle Di Ci, 1995, p. 147.

[153]RATZINGER, JOSEPH, *Il cammino Pasquale*, Milano, Ancora, 2006^4, p. 107.

[154]RATZINGER, JOSEPH, *Gesù di Nazaret. Dall'ingresso in Gerusalemme fino alla risurrezione*, p. 249.

cura dei propri figli e rischia tutto perché essi possano rispondere a questo amore: "*La teologia della Croce è una teologia pasquale, una teologia della gioia vittoriosa anche nella valle di lacrime*"[155].

La Croce diviene soprattutto un processo di fede che spinge l'uomo dalla sua condizione di incredulità al riconoscimento della divinità del Figlio di Dio. È sotto la Croce che inizia il lungo cammino della Chiesa come popolo di credenti che, come il centurione, attestano che "*Davvero quest'uomo era Figlio di Dio*" (Mc 15,39).

La Risurrezione, a sua volta, è l'elemento discriminante che getta luce sulla vicenda umana di Gesù e soprattutto sulla sua Morte in Croce: "*la risurrezione è il punto decisivo. Se Gesù sia soltanto esistito nel passato o se esista anche nel presente – ciò dipende dalla risurrezione*"[156].

Il Crocifisso è l'evento salvifico decisivo: il Risorto non elimina il Crocifisso, la sua umiliazione e l'obbedienza non sono cancellate, ma sono elevate e diventano l'elemento di possibilità per la vita nuova in Dio. Il Crocifisso permette ai credenti la partecipazione alla vita in quanto sperano che Dio agisca in loro così come ha agito in Cristo, non solo ma questa nuova vita agisce già sulla morte perché segnata dalla Croce.

La Risurrezione sottrae il Crocifisso dalla morte e lo rende definitivamente il *Kyrios*, il Signore, che attraverso la potenza che scaturisce dal mistero pasquale dona al credente riscatto e salvezza. Nella Resurrezione la Chiesa fonda il suo credo, motiva la sua speranza e attinge la forza per la sua missione apostolica, inoltre essa è luce per coloro che ricercano il senso e il significato della storia, in quanto ogni storia porta in sé i segni della salvezza.

La Risurrezione permette che l'umanità sia inserita una volta per tutte, per mezzo del Cristo, nella natura stessa di Dio, egli è per sempre uomo. Credere nella Risurrezione equivale a professare l'esistenza di Dio come creatore, la relazione con la materia diviene necessaria e fondamentale e la parola di Dio vi penetra veramente in maniera vivificante. La fede nel Risorto è attestazione della potenza di Dio e allo stesso tempo responsabilità per il credente chiamato a partecipare a questa nuova condizione esistenziale.

---

[155] RATZINGER, JOSEPH, *Il cammino Pasquale*, p. 107.
[156] RATZINGER, JOSEPH, *Gesù di Nazaret. Dall'ingresso in Gerusalemme fino alla risurrezione*, p. 270.

Il rito di adorazione della Croce, che si trova al centro della Celebrazione della Passione del Signore, e in un certo modo al centro del Triduo Pasquale stesso, ripercorre l'esperienza della Passione non semplicemente dal punto di vista storico, ma in maniera simbolica. Adorare la Croce rimanda ad altro: alla redenzione operata da Cristo. Lo sguardo è già rivolto alla luce pasquale nella quale viene illuminata anche la Croce come strumento e segno[157]. L'adorazione è il culto reso al Cristo crocifisso, partecipare a questo gesto ci coinvolge nella sua stessa azione sacerdotale: "*portando sempre e dovunque nel nostro corpo la morte di Gesù, perché anche la vita di Gesù si manifesti nel nostro corpo. Sempre infatti, noi che siamo vivi, veniamo esposti alla morte a causa di Gesù, perché anche la vita di Gesù sia manifesta nella nostra carne mortale.*" (2Cor 4, 10-11).

Adorazione e vita si incrociano diventando conoscenza profonda e vera del Signore, tutto il nostro essere è coinvolto, "*pensiero, volontà, affetti, corpo*"[158], in una lode e in una esaltazione che non si limitano a vedere nella Croce il simbolo della Passione ma in qualche modo ne intuiscono la forza vitale. Guardare e adorare la Croce diventa, ritualmente, anticipo della Risurrezione, l'intreccio della vita del credente con la morte redentrice del Signore costituiscono la motivazione della Risurrezione stessa. Tutto il Triduo Pasquale è proteso alla Risurrezione, così anche l'adorazione "*è rivolta al Cristo crocifisso e risorto, vittorioso nella sua e nostra morte*"[159]. La prospettiva teologica che soggiace alla celebrazione del Triduo Pasquale tiene insieme vita e morte "*teologia della croce e teologia della gloria*"[160], così anche nel venerdì santo: "*viene sottolineata l'unità della morte e della vita in Gesù di Nazareth, il Crocifisso nel quale la vita scaturisce dalla morte, secondo il vangelo della Passione di Giovanni proclamato nella Liturgia della Parola*"[161].

2.2 Per un'estetica della Croce

Nella celebrazione dei sacramenti la liturgia riprende i gesti concreti ed umani di Gesù che i Vangeli presentano. Egli cammina, tocca, guarisce, impasta del fango, alza gli

[157]ROPA, GIAN PAOLO, *Il simbolismo medioevale della Croce svelata*, p. 1008.

[158]DOSSETTI, GIUSEPPE, *Omelie e istruzioni pasquali 1975-1978*, Milano, Paoline, 2009, p. 69.

[159]BARGELLINI, EMANUELE, *venerdì santo a Camaldoli. Un'esperienza, una possibilità*, in CATELLA, ALCESTE - REMONDI, GIORDANO, (ed.) *Celebrare l'unità del Triduo pasquale. 2. venerdì santo: la luce del Trafitto e il perdono del Messia*, Leumann (To), Elle Di Ci, 1995, p. 194.

[160]BARGELLINI, EMANUELE, *venerdì santo a Camaldoli. Un'esperienza, una possibilità*, p. 192.

[161]BARGELLINI, EMANUELE, *venerdì santo a Camaldoli. Un'esperienza, una possibilità*, p. 192.

occhi al cielo, spezza il pane, prende il calice. Gesù stesso *"è il maestro della nostra educazione liturgica"*[162], la sua capacità consiste nel porre l'essenziale nel poco.

Ciò che rende veramente bella la gestualità del *Kyrios* è l'evento salvifico come espressione del suo amore, non lo sfondo in cui esso avviene, *"la vera bellezza è il gesto dell'amore salvifico"*[163]. Il contesto particolareggiato dell'evento è il modo in cui viene evidenziata la bellezza degli atti che il Signore compie. La bellezza, che la Chiesa vede e scopre nel ripetere i gesti del suo Signore, risiede nel riconoscere l'amore di Cristo: *"Frequentemente il gesto è considerato come la traduzione corporea di un'intenzione o un ragionamento che lo precede: "Voglio manifestarti il mio bene, potrei dirtelo, scriverlo, ma decido di raffigurare questo mio pensiero spiegandolo con una carezza". Niente di tutto questo. I gesti non sono spiegazioni di pensieri, ma pensieri e desideri nella loro più originaria forma corporea; non sono espressioni al seguito di una precedente riflessione, ma prime intenzioni del nostro corpo, aventi proprietà e sfumature che nessuna parola o nessuno scritto riusciranno a rendere"*[164].

Per questo motivo la gestualità, la ritualità della liturgia è bella. Il suo bello quindi non risiede nel mero estetismo ma nella partecipazione all'amore racchiuso nel mistero pasquale: *"la celebrazione non destina l'apparato esteriore all'estetismo formalistico, ne consacra piuttosto lo spessore all'oggettività divina"* [165].

La bellezza di ogni celebrazione liturgica, ed in particolare della *Celebratio Passionis Domini*, dipende essenzialmente dalla *"capacità di far trasparire il gesto d'amore compiuto da Gesù"*[166]. Il comandamento di Gesù *"fate questo in memoria di me"* (Lc 22, 19) trova nella liturgia la sua attuazione attraverso i gesti, le preghiere e le parole che essa propone.

La Celebrazione della Passione del Signore si presenta come lo spazio e il tempo in cui il Cristo si può esprimere, *"può raccontare se stesso"* [167]. Uno spazio e un tempo che sono per natura ordinati, la liturgia infatti richiede di per se stessa un ordine. Ordine che riguarda primariamente l'esteriorità del rito (attraverso *l'ordo* e le rubriche), ma anche

---

[162]MARINI, PIERO, *Liturgia e Bellezza. Nobilis Pulchritudo*, Città del Vaticano, LEV, 2005, p. 78.
[163]MARINI, PIERO, *Liturgia e Bellezza. Nobilis Pulchritudo*, p. 79.
[164]PAGAZZI, GIOVANNI CESARE, *Questo è il mio corpo. La grazia del Signore Gesù*, Bologna, EDB, 2016, p. 61.
[165]UBBIALI, SERGIO, *Teologia ed estetica*, in TERRIN, ALDO NATALE, *Liturgia ed estetica*, Padova, EMP – Abbazia di Santa Giustina, 2006 ("Caro salutis cardo". Contributi, 21), p. 175.
[166]MARINI, PIERO, *Liturgia e Bellezza. Nobilis Pulchritudo*, p. 79.
[167]MARINI, PIERO, *Liturgia e Bellezza. Nobilis Pulchritudo*, p. 82.

l'interiorità di chi vi prende parte, in quanto la liturgia è spazio e tempo di Cristo, ma anche di chi vi partecipa.

È quindi necessaria una pastorale liturgica che tenga presente il livello di comprensione dei contenuti fondamentali della fede, essa deve assumere i caratteri di una vera mistagogia e quindi far in modo che la liturgia diventi il luogo in cui i credenti vengono plasmati, secondo una gradualità che le è propria, dal mistero celebrato e dalla fede che in essa viene professata.

Questo modo di fare liturgia è condizione perché la Chiesa possa attingere la forza vitale necessaria affinché tutte le membra che la compongono possano trovare il giusto alimento, prevedendo così la promozione di una vera e propria formazione spirituale che aiuti a penetrare la sobrietà dei segni: "*il momento liturgico si costituisce quale luogo, spazio, oggetto, esercizio concreto, le componenti liturgiche rivestono l'inoppugnabile decisiva dimensione vitale. Il soggetto, prendendo parte all'atto vitale al quale dunque la liturgia provvede, acquisisce l'immissione nel gratuito intervento salvifico divino*"[168].

La bellezza che la Celebrazione della Passione del Signore presenta è un evento e non un dato; un evento d'amore che ripropone costantemente, nella contingenza della storia, in modo poetico e creativo, la follia della Croce e il disegno d'amore che Dio ha preparato e attuato mediante il dono sacrificale del suo Unigenito Figlio: "*L'aspetto decisivo è costituito proprio dall'importanza della valenza estetica della croce, dove come estetico si intende il coinvolgimento della sensibilità nell'elaborazione del senso della vita*"[169].

2.2.1 Passione e bellezza

Il salmo 44 dice: "*Tu sei il più bello tra i figli dell'uomo, sulle tue labbra è diffusa la grazia*" (Sl 44,3): la Chiesa ha sempre letto questo salmo, che descrive le nozze del Re, la sua bellezza e quella della sua sposa, come l'immagine del rapporto di Cristo con la sua Chiesa. Cristo è riconosciuto nel suo massimo splendore, il Suo annuncio e la sua missione sono percepiti come grazia, che si diffonde sulle labbra, viene alla luce la Sua più intima

---

[168]UBBIALI, SERGIO, *Teologia ed estetica*, p. 175.
[169]BONACCORSO, GIORGIO, *L'estetica del rito. Sentire Dio nell'arte*, p. 191.

bellezza. Quella del Signore Gesù non è semplice bellezza esteriore, ma piuttosto *"la bellezza della Verità, la bellezza di Dio stesso che ci attira a sé e allo stesso tempo ci procura la ferita dell'Amore, la santa passione (eros) che ci fa andare incontro, insieme alla e nella Chiesa Sposa, all'Amore che ci chiama"*[170].

La Liturgia della Chiesa nel lunedì Santo, attraverso l'antifona dei vespri che introduce il salmo 44, ci dà una chiave di lettura molto particolare di questo stesso salmo, essa dice: *"Non ha bellezza né apparenza; lo abbiamo veduto: un volto sfigurato dal dolore"*[171]. Il più bello *"fra i nati di donna"* (Mt 11,11) è un uomo il cui volto è sfigurato dalla sofferenza. La Liturgia della Chiesa quindi ci pone dinnanzi ad un paradosso, *"la bellezza di Dio stesso che ci attira a sé"*[172] ci viene presentata come dolore, sofferenza, tutta la bellezza esteriore è scomparsa.

Questa visione paradossale della bellezza mette in discussione tutta l'esperienza filosofica della bellezza che si è sviluppata fin dal mondo greco. La bellezza e il bello necessitano di essere riscoperti e sperimentati. Anche se il mondo greco non esclude il dolore dall'esperienza del bello, infatti Platone pensa che l'incontro con la bellezza crei una scossa emotiva, che attira verso qualcosa che è altro rispetto a sé; infatti ogni uomo, per Platone, non possiede più la perfezione dell'origine ed è quindi costretto a rincorrere una forma primigenia riparatrice. La sua vita è mossa dalla nostalgia e dal ricordo, la bellezza si pone in questo contesto come la scossa che lo porta fuori dalla quotidianità, la bellezza fa soffrire l'uomo e lo stimola a ricercare ciò che veramente desidera. La bellezza lo spinge a fare un salto di qualità, ad elevarsi verso l'alto. L'anima dell'uomo assapora in qualche modo quel che desidera, ma non ne distingue l'essenza, non riesce ad averne una percezione completa, piena.

Anche nell'esperienza del teologo bizantino Nicola Cabasilas, ritroviamo l'esperienza della nostalgia Platonica, che però viene ad inserirsi nel mare dell'esperienza cristiana.

---

[170]RATZINGER, JOSEPH, *La Bellezza la Chiesa*, Castel Bolognese, ITACA, 2006, p. 12.
[171]UFFICIO DIVINO, *riformato a norma dei decreti del Concilio Ecumenico Vaticano II e promulgato da Papa Paolo VI, Liturgia delle Ore secondo il rito romano.* Vol. II. *Tempo di Quaresima e Tempo di Pasqua*, Roma, LEV, 1989, p. 388.
[172]RATZINGER, JOSEPH, *La Bellezza la Chiesa*, p. 12.

C'è un desiderio che spinge gli uomini oltre la loro stessa natura, un anelito che spinge verso l'infinito. La risposta a questo desiderio apparentemente inappagabile è Cristo: *"Il desiderio dell'anima va unicamente al Cristo"*[173]. Dio ha ordinato a sé l'umanità, la attrae a sé attraverso l'amore e la gioia, allora: *"E' logico dunque che essi abbiano un certo rapporto con quel bene infinito e che gli siano – se così può dirsi – proporzionati"*[174]. L'esperienza umana si accorge che nessun luogo contiene ciò che può saziare il suo desiderio, ma solo chi ha sperimentato la presenza del Salvatore è consapevole che tutta la sua esistenza, e soprattutto il suo amore, è preordinato ad accogliere Dio stesso: *"Furono feriti direttamente dallo Sposo, fu Lui a infondere un raggio della sua bellezza nei loro occhi: l'ampiezza della ferita rivela già quale sia lo strale e l'intensità del desiderio lascia intuire Chi sia colui che ha scoccato il dardo"*[175].

Non è un problema estetico o di fuga dalla razionalità quello che Platone e Cabasilas affrontano, ma piuttosto di conoscenza, un modo di conoscere superiore. *"La bellezza ferisce, ma proprio così richiama l'uomo al suo Destino ultimo"*[176], la Bellezza è un modo di conoscere elevato, in quanto permette all'uomo di entrare nella pienezza della verità. Cabasilas identifica l'inizio della conoscenza nell'amore e afferma che l'amore stesso è generato dalla conoscenza. Una conoscenza che non prende le mosse dalla pura teoria, ma piuttosto trae la sua origine dall'esperienza concreta con le cose e il rapporto che si stabilisce con esse. Solo l'esperienza concreta di un qualche cosa ci permette un amore autentico. Il cristiano è ferito dalla bellezza di Cristo, la sua presenza personale è la realtà in cui avviene la conoscenza. È solo in questa *"bella presenza"* che il cuore dell'uomo trova la corrispondenza che tanto desidera. E' *"l'urto del cuore"*[177] che permette una vera conoscenza e, quindi, di approcciarsi alla realtà in maniera autentica, allo stesso tempo permette che l'interiorità possa venire alla luce e quindi diventi percepibile.

Il Cristo *"patiens"* in questo contesto, in cui l'estetica raggiunge vette altissime, sembra essere una stonatura. Nella Passione di Gesù c'è un ribaltamento della logica del bello. La sofferenza è il volto più autentico della bellezza, in quanto espressione di un

---

[173]CABASILAS, NICOLA, *La vita in Cristo*, p. 153.
[174]CABASILAS, NICOLA, *La vita in Cristo*, p. 153.
[175]CABASILAS, NICOLA, *La vita in Cristo*, p. 143.
[176]RATZINGER, JOSEPH, *La Bellezza la Chiesa*, p. 16.
[177]RATZINGER, JOSEPH, *La Bellezza la Chiesa*, p. 19.

amore che si dona totalmente *"sino alla fine"* (Gv 13,1). Davanti all'icona di Cristo Crocifisso l'uomo percepisce la sua verità, essa ci invita a lasciarci ferire insieme con Lui, cioè ci prende per mano e ci introduce nell'Amore, in una relazione d'amore che ha rinunciato alla bellezza esteriore per poter essere accessibile a tutti.

Solo se l'uomo si fa colpire dalla paradossale e tremenda bellezza del Cristo Crocifisso può avere una vera conoscenza, e, se la conoscenza nasce dall'amore, la Croce si presenta come atto d'amore supremo e quindi come apice della conoscenza. La bellezza della verità e della redenzione trovano nella Croce del Signore Gesù la loro piena e massima espressione.

Dio si manifesta al mondo nell'aspetto più profondo del suo essere divino, rivela la sua gloria mettendosi a nostro servizio: *"lavando i piedi alle sue creature"*[178]. *"L'incarnazione è avvenuta in vista della redenzione dell'umanità sulla croce"*[179], l'uomo, infatti, è *"prescelto"* e *"predestinato"* nel Figlio per poter comparire purificato dinnanzi a Dio, il peccato e la morte trovano nella croce del Cristo il loro superamento. Questo ricomponimento dell'immagine dell'uomo, lacerata dal peccato, avviene proprio lì dove c'è *"il punto di rottura"*[180], cioè nella morte, nella lontananza da Dio. L'uomo è salvato in Cristo, solo nell'esperienza della morte, Dio stesso nel momento in cui ha deciso di condividere l'esperienza umana, ha dovuto fare l'esperienza che il peccatore fa nel momento della fine dall'interno, l'esperienza dell'abisso. Dio, in questo senso, non è un giudice estraneo alla condizione umana, ma attraverso l'incarnazione ha fatto esperienza di tutto ciò che è proprio del mondo: *"la croce (Mt 24,30) quindi, o meglio il Crocifisso, è la meta di ogni esistenza umana personale e sociale, come giudizio ultimo e redenzione come «attraverso il fuoco» (1Cor 3,15)"*[181]. Dio, attraverso l'esperienza della perdizione del mondo, è spinto alla sua piena manifestazione e glorificazione. Dio si è caricato dell'uomo, delle sue sofferenze, della morte, si è reso solidale con tutti gli uomini; proprio attraverso l'assunzione del corpo, dell'anima e dello spirito, cioè delle componenti umane sottomesse alla morte, ha potuto salvare tutti. Il mistero della croce è l'ultima parola di tutte le cose, esso ne è

---

[178]BALTHASAR, HANS URS, *Teologia dei tre giorni*, p. 23.
[179]BALTHASAR, HANS URS, *Teologia dei tre giorni*, p. 31.
[180]BALTHASAR, HANS URS, *Teologia dei tre giorni*, p. 25.
[181]BALTHASAR, HANS URS, *Teologia dei tre giorni*, p. 26.

l'interpretazione, in quanto in virtù della redenzione operata da Cristo sono stati eliminati tutti gli ostacoli, natura, peccato e morte, che separano l'uomo da Dio. L'annientamento del Verbo incarnato ha il suo culmine nella croce, un annientamento che, però, ha la sua origine ancor prima dell'incarnazione, quando ancora *"si trova nella forma di Dio"*[182]. Il Dio della gloria rinuncia a ciò che gli è dovuto e si abbassa alla condizione servile, abbandona la sua uguaglianza con Dio. Questa sua auto-rinuncia è motivata dall'amore per l'uomo, *"Gesù Cristo ... si può concedere il lusso di rinunciare alla sua gloria, è quindi così divinamente libero da potersi legare all'obbedienza del servo"*[183]. Ciò porta ad un radicale sconvolgimento nel modo di vedere Dio, l'accento è posto sull'amore totale, che si esprime pienamente nell'abbandonare ciò che gli appartiene per natura. Dio nell'incarnazione: *"ha la sua possibilità ontologica nell'esternabilità eterna di Dio, nella sua donazione tripersonale"*[184].

La Croce, espressione estrema del servo, è il faro da cui irradia la gloria del Figlio, in quanto è nella croce che il suo amore viene rivelato per quello che è, il Dio Trinitario, che non solo ha redento il mondo, ma nell'incarnazione del Figlio ha rivelato la sua essenza più intima: *"Dio è amore"* (1Gv 4,8). La *kenosi* è la vera rivelazione divina, in quanto: *"vedono risplendere nell'impotenza del Figlio incarnato e del Crocifisso l'onnipotenza di Dio"*[185].

La Chiesa celebra, prega e vive il Mistero di Cristo nella bellezza e nella dignità della celebrazione liturgica. Mediante la *"nobilis pulchritudo"*[186], la liturgia esprime il rapporto che intercorre tra l'umano e il divino, come possiamo percepire nell'adorazione della Croce del venerdì santo. La bellezza che scaturisce dalla presenza del Crocifisso al centro dell'assemblea liturgica, stimola la contemplazione, l'adorazione, la gratuità e il rendimento di grazie. *"Maestà e bellezza sono davanti a lui, potenza e splendore nel suo santuario"* (Sl 96,6), il gesto liturgico dell'adorazione della croce è chiamato ad esprimere bellezza, in quanto è gesto di Cristo stesso; la Chiesa attraverso di esso, non fa altro che prolungare e attualizzare il mistero *kenotico* del Verbo. Il gesto che la Chiesa compie è

---

[182]BALTHASAR, HANS URS, *Teologia dei tre giorni*, p. 35.
[183]BALTHASAR, HANS URS, *Teologia dei tre giorni*, p. 39.
[184]BALTHASAR, HANS URS, *Teologia dei tre giorni*, p. 41.
[185]BALTHASAR, HANS URS, *Teologia dei tre giorni*, p. 44.
[186]*SC*, n° 121.

percepito come bello, perché espressione della vera bellezza, cioè dell'amore salvifico del Crocifisso.

Sulla Croce, il Cristo ci sta davanti come l'uomo dei dolori, *"rigettato dagli uomini"*, *"percosso da Dio e umiliato"* (Is 53,3.4). Non ha *"né apparenza né bellezza"* (Is 53,2), tutto il suo splendore è scomparso, perché porta la bruttezza del nostro peccato.

Ma proprio in questa condizione di annientamento si rivela il meraviglioso aspetto della sua bellezza: un Cristo che, pur schiantato dalla sofferenza, è pervaso di sovrana maestà.

Dal momento in cui è arrestato, alle varie fasi del processo fino al momento in cui, *"chinato il capo, rese lo Spirito"* (Gv 19,30), Cristo è l'uomo pienamente libero e padrone della propria vita, e' il vero sommo sacerdote che offre se stesso in sacrificio sull'altare della croce e che porta a compimento in se stesso tutte le Scritture (Gv 19,30: *"Tutto è compiuto"*).

Da questo momento l'intero universo gravita intorno all'asse della sua croce e tutti gli uomini, consapevoli o no, si muovono in questa sfera di attrazione. Volgere lo sguardo a Cristo crocifisso significa volgere lo sguardo del cuore, far convergere verso il Cristo tutto il nostro amore.

La contemplazione deve sfociare nella più intima comunione. Il mistero della croce deve essere assunto interamente e vissuto in ogni fibra del nostro essere. La passione di Cristo deve cioè diventare la nostra passione; la sua morte, la nostra morte. Dobbiamo unire al sacrificio del Signore il sacrificio quotidiano della nostra vita, sacrificio di obbedienza al Padre, nell'adesione al suo disegno su di noi. Tutto questo è espresso con somma semplicità nel gesto rituale dell'adorazione della croce: *"Ecco il legno della Croce al quale fu appeso il Cristo, Salvatore del mondo: venite adoriamo!"*[187].

San Francesco, nel Cantico delle creature, usa moltissimo l'aggettivo bello. E' da notare che egli fa l'esperienza della bellezza delle creature solo quando la sua vita volge al termine e le sofferenze fisiche si fanno più acute, quando la vista è quasi scomparsa e la luce stessa gli provoca dolori indicibili. L'esperienza della croce che egli ha già sperimentato fisicamente attraverso le stimmate, ora diviene anche un'esperienza dello

---

[187]*MRI*, p. 153.

spirito. È in questo contesto di estrema sofferenza che la santità di Francesco raggiunge il vertice della poesia, come dice Violaine nell'Annuncio a Maria di Claudel: "*Or che son tutta spezzata, il profumo si espande*"[188].

Nel mondo contemporaneo la bellezza è spesso rifiutata e paradossalmente oltraggiata, l'esperienza quotidiana ci porta a dire che esistono due bellezze, una che salva e un'altra che può condurre il mondo alla perdizione. Evdokimov afferma: "*Dio non è il solo a rivestirsi di Bellezza, il male lo imita e rende la bellezza profondamente ambigua*"[189], la bellezza quindi può prendere il posto di Dio stesso, diventare così un idolo e quindi perdere ogni relazione con il vero e il bene: "*Se la verità è sempre bella, la bellezza non è sempre vera*"[190]. La tradizione individua la causa prima di questa ambiguità nel peccato, l'uomo non si staccherebbe da Dio se non fosse attratto da un qualcosa che è esteticamente bello, così che la creatura prende il posto del Creatore.

Ma se si fa un'analisi attenta dell'esperienza psicologica dell'uomo ci si accorge che il volgersi alla creatura "*precede psicologicamente*"[191] l'avversione verso Dio, quindi la causa dell'ambiguità della bellezza è qualcosa di più profondo che si va ad inserire "*nella natura stessa composita dell'uomo*"[192]. Dio ha creato l'uomo con questa dualità instabile per lasciarlo libero di poter scegliere in che direzione svilupparsi. In questo modo ha rispettato l'uomo e gli ha dato la facoltà di autodeterminarsi, attraverso l'esercizio della sua stessa libertà, l'uomo è quindi posto davanti alla necessità di fare una scelta.

Anche la bellezza, perciò, si presenta come qualcosa di frammentario e di transitorio. Da questa condizione precaria l'uomo riceve nei confronti della bellezza il compito di: "*risalire dal frammento all'intero*"[193].

Una ricerca disordinata della bellezza porta all'imbruttimento, perché priva l'uomo di quello che lo rende tale, cioè ragione e libertà: "*La bellezza ti ha sedotto*" (Dn 13, 56). La tradizione biblica individua in questo "*arrestarsi alla bellezza creata*"[194] l'origine dell'idolatria, cioè il porre la creatura al posto del Creatore: "*Davvero stolti per natura tutti*

---

[188]CLAUDEL, PAUL, *L'Annuncio a Maria*, Bergamo, BUR, 2005, p. 157.
[189]ENDOKIMOV, PAVEL, *La teologia della bellezza*, Cinisello Balsamo, San Paolo, 1990, p. 32.
[190]ENDOKIMOV, PAVEL, *La teologia della bellezza*, p. 32.
[191]CANTALAMESSA, RANIERO; MARTINI, CARLO MARIA, *Dalla croce la perfetta letizia*, Milano, Ancora, 2001, p. 28.
[192]CANTALAMESSA, RANIERO - MARTINI, CARLO MARIA, *Dalla croce la perfetta letizia*, p. 28.
[193]CANTALAMESSA, RANIERO - MARTINI, CARLO MARIA, *Dalla croce la perfetta letizia*, p. 30.
[194]CANTALAMESSA, RANIERO - MARTINI, CARLO MARIA, *Dalla croce la perfetta letizia*, p. 31.

gli uomini che vivevano nell'ignoranza di Dio e dai beni visibili non riconobbero colui che è, non riconobbero l'artefice, pur considerandone le opere. Ma o il fuoco o il vento o l'aria sottile o la volta stellata o l'acqua impetuosa o i luminari del cielo considerarono come dei, reggitori del mondo. Se, stupiti per la loro bellezza, li hanno presi per dei, pensino quanto è superiore il loro Signore, perché li ha creati lo stesso autore della bellezza." (Sap 13,1-3.)

Quindi per poter divenire mezzo di salvezza la bellezza ha bisogno di essere lei stessa redenta, anch'essa partecipa dell'opera redentrice del Cristo. "*Gesù ha redento la bellezza privandosene per amore*"[195], l'uomo infatti è stato incapace di giungere alla Bellezza attraverso la bellezza delle creature, di conseguenza Dio ha deciso di manifestare la sua bellezza attraverso la croce e la sofferenza.

Il Cristo crocifisso diviene il modello e la fonte della bellezza redenta, infatti: "*la bellezza è l'amore crocifisso e risorto*"[196], la bellezza diviene lo strumento primario della manifestazione dell'essenza più intima di Dio stesso, "*Dio è amore*" (1Gv 4,8).

La differenza che questa bellezza porta in sé, rispetto ad ogni altra bellezza, è il suo nascere dall'interno, il corpo è il mezzo con cui si esprime e non il fine del suo esistere: "*Il corpo umano diventa il sacramento della bellezza: cioè il suo segno, il suo tramite, la sua manifestazione, la sua trasparenza, non la sua sorgente ultima*"[197].

La bellezza creata è per questa vita, ma per non essere ripiegata su se stessa, e quindi abbruttire, deve necessariamente passare attraverso il mistero della croce: "*La croce della bellezza non è altro che l'amore con quello che esso esige in fatto di fedeltà alla scelta fatta, sia nel matrimonio sia nel celibato consacrato, di rispetto dell'altro, di sacrificio, di obbedienza a Dio e al senso stesso delle cose*"[198].

Si impone la necessità di aprire gli occhi della fede alla vera Bellezza, contemplare il Cristo che ha redento la bellezza liberandola dalla corruzione e dalla cupidigia, è l'attrazione per la bellezza di Cristo che sconfigge l'attrattiva delle cose corruttibili: "*Chi si unisce al Signore forma con lui un solo spirito*" (1Cor 6, 17). Autore di questa continua purificazione della bellezza è lo Spirito Santo, che continua a far passare dalla bellezza

---

[195]CANTALAMESSA, RANIERO - MARTINI, CARLO MARIA, *Dalla croce la perfetta letizia*, p. 33.
[196]CANTALAMESSA, RANIERO - MARTINI, CARLO MARIA, *Dalla croce la perfetta letizia*, p. 34.
[197]CANTALAMESSA, RANIERO - MARTINI, CARLO MARIA, *Dalla croce la perfetta letizia*, p. 35.
[198]CANTALAMESSA, RANIERO - MARTINI, CARLO MARIA, *Dalla croce la perfetta letizia*, p. 36.

effimera a quella spirituale tutte le cose create. Alla fine: *"non sarà infatti l'amore della bellezza che salverà il mondo, ma la bellezza dell'amore"*[199].

2.2.2 La Croce, incontro tra *eros* e *agape*

L'Enciclica *Deus caritas est* di Papa Benedetto XVI è un documento che dal punto di vista teologico può essere considerato una svolta, soprattutto per quanto riguarda la riflessione sull'amore espressa dalla tradizione filosofica e teologica con i termini di *eros* e *agape*: *"il trapasso di prospettiva... è contenuto nella prima parte dell'Enciclica in cui la distinzione tra un Eros egotico di marca antropologica e un Agape di dedizione proveniente da Dio non comporta l'eliminazione dell'uno a favore dell'altro, ma si dichiara l'inscindibilità e l'insuperabilità di entrambe le dimensioni"*[200].

L'uomo si trova costantemente sospinto tra due forze vitali che la tradizione filosofica denomina *eros* e *agape*. Queste due parole indicano due diversi modi di intendere e di vivere l'amore. L'*eros* è quell'esperienza di amore che si impone all'uomo, una dimensione che ha la caratteristica di non essere né cercata né pensata: *"è un amore egoistico, che fa i propri interessi perché è mosso dalle dinamiche sessuali"*[201]. Mentre il termine *agape* esprime l'idea di un amore che nella sua sostanza è dono gratuito: *"viene da Dio ed è connotato come riconoscimento dell'altro"*[202]; questa voce è stata assunta dagli scritti neotestamentari preferendola alla parola *eros*. Esiste un terzo vocabolo per indicare l'amore ed è *philia*, essa indica in modo specifico l'amicizia; l'evangelista Giovanni la utilizza nel suo Vangelo per indicare la relazione tra Gesù e i suoi discepoli.

Il Nuovo Testamento nella scelta di prediligere il termine *agape* a quelli che indicano le altre dimensioni dell'amore non solo fa una scelta culturale ma *"la messa in disparte della parola eros, insieme alla nuova visione dell'amore che si esprime attraverso la parola agape, denota indubbiamente nella novità del cristianesimo qualcosa di essenziale, proprio a riguardo della comprensione dell'amore"*[203]. Il Cristianesimo viene così ad identificarsi con questa nuova

---

[199] CANTALAMESSA, RANIERO - MARTINI, CARLO MARIA, *Dalla croce la perfetta letizia*, p. 4.
[200] TAGLIAFERRI, ROBERTO, *Il Matrimonio cristiano. Un sacramento diverso*, Assisi, Cittadella Editrice, 2008, p. 143.
[201] TAGLIAFERRI, ROBERTO, *Il Matrimonio cristiano. Un sacramento diverso*, p. 145.
[202] TAGLIAFERRI, ROBERTO, *Il Matrimonio cristiano. Un sacramento diverso*, p. 145.
[203] BENEDETTO XVI, lett. enc. *Deus caritas est*, 25 DIC. 2005, IN *AAS* 98(2006), n° 3.

prospettiva e anche la percezione di Dio è riconducibile alla nuova categoria di amore racchiusa nella parola *agape*: "*Dio è amore*" (1Gv 4,16). L'amore di Dio e per Dio diventeranno i due binari di interpretazione e di orientamento della vita della Chiesa e di ogni singolo credente: "*con la centralità dell'amore, la fede cristiana ha accolto quello che era il nucleo della fede d'Israele e al contempo ha dato a questo nucleo una nuova profondità ed ampiezza... l'amore adesso non è più solo un «comandamento» ma è la risposta al dono dell'amore, con il quale Dio ci viene incontro*"[204].

La critica al cristianesimo, che nell'illuminismo trova uno degli antagonisti più agguerriti, ha visto nella scelta da parte della Chiesa della parola *agape* come paradigma interpretativo dell'amore e quindi del mistero di Dio la decisione di annientare l'*eros*: "*il cristianesimo, secondo Friedrich Nietzsche, avrebbe dato da bere del veleno all'eros, che, pur non morendone, ne avrebbe tratto la spinta a degenerare in vizio*"[205].

La proposta Cristiana nei confronti dell'eros non è di annientamento ma di purificazione in vista di una pienezza e quindi non si limita ad un piacere istantaneo perché nell'amore è scritto il senso del Divino e per poterlo raggiungere è necessario non solo affidarsi all'istinto ma anche passare "*attraverso la strada della rinuncia*"[206] e della maturazione.

L'uomo è fatto di anima e corpo, per poter raggiungere la piena comprensione di se stesso deve tenere insieme questi elementi ed è in questa prospettiva unitiva che l'*eros* può giungere a una maturazione autentica: "*ogni autentica esperienza dell'amore si fonda su un'altra evidenza costitutiva: la persona in quanto tale, è «corpore et anima unus», come insegna Gaudium et Spes al numero 14. L'amore e l'amare sono di tutto l'uomo e non sopportano nessun dualismo né alcuna separazione. Ogni divisione inflitta agli amanti nell'esperienza concreta del loro amore ha l'amaro sapore della violenza*"[207].

La tensione purificatrice nei confronti dell'eros da parte del cristianesimo è stata spesso letta, e in alcuni casi non a torto, come una avversione nei confronti della corporeità senza però considerare che l'esperienza erotica portata alle sue estreme conseguenze

[204]BENEDETTO XVI, lett. enc. *Deus caritas est*, n° 1.
[205]BENEDETTO XVI, lett. enc. *Deus caritas est*, n° 3.
[206]BENEDETTO XVI, lett. enc. *Deus caritas est*, n° 5.
[207]SCOLA, ANGELO, *Eros e agape in "Deus caritas est"*, in *Deus caritas est. Porta di Misericordia, Atti del Simposio internazionale nel decimo anniversario dell'Enciclica*, Città del Vaticano, LEV, 2016, p. 111.

conduce ad una mercificazione del corpo più che a una sua esaltazione. La corporeità e di conseguenza la sessualità vissuti in quest'ottica riduttiva non esaltano la libertà umana, ma legano ancora più profondamente il corpo e la sua esperienza ad ambiti limitati di piacere cercando, così, di esorcizzare la fragilità e la limitatezza dalla vita umana stessa. Ne emerge un contesto che non esalta l'umano nella sua complessità ma lo separa in tanti ambiti d'esperienza che non danno ragione dell'esigenza di totalità che caratterizza la tensione più profonda e significativa dell'umano stesso.

Il cammino di purificazione dell'*eros* che è richiamato dalla lettera Enciclica *Deus Caritas est*[208] affonda le sue radici nella tradizione antico testamentaria associando le due parole *eros* e *agape* ad una terza: sacrificio; esso è così descritto: "*fa parte degli sviluppi dell'amore verso livelli più alti, verso le sue intime purificazioni, che esso cerchi ora la definitività. E ciò in un duplice senso: nel senso dell'esclusività - «solo quest'unica persona» - e nel senso del «per sempre»*[209]. Il sacrificio è legato ad una scelta che sia totale e non parziale, che sia sottomessa alla categoria del tempo ma, che in un certo modo, sfidi questa categoria in una scelta paradossale di eternità: "*l'amore mira all'eternità*"[210].

Nel dono totale di sé non solo è racchiuso il senso e il significato delle due esperienze di *eros* e *agape* ma proprio questo abbandono sacrificale all'amore nella sua completezza e complessità apre la possibilità dell'incontro con il Mistero di Dio. L'io egotico è chiamato ad uscire da se stesso "*verso la sua liberazione nel dono di sé, e proprio così verso il ritrovamento di sé, anzi verso la scoperta di Dio*"[211]. Questo appena descritto è lo stesso percorso compiuto da Gesù nel suo cammino terreno che nel sacrificio della Croce dà compimento al suo amore per l'uomo, aprendogli così la porta dell'eternità "*la tradizione cristiana, con le parole del Salmo, definisce Gesù Cristo come «il più bello tra i figli dell'uomo» (Sal 45,3). Il bell'amore pertanto non è un'idea astratta, ma la persona di Gesù, bellezza visibile del Dio invisibile, che per amore si è fatto come uno di noi. Il bell'amore imprime la sua forma in chi lo accoglie aprendolo a relazioni nuove e partecipate. Questo ci permette di dire che l'amore è bello quando è vero cioè oggettivo ed effettivo*"[212].

[208]BENEDETTO XVI, lett. enc. *Deus caritas est*, n° 6.
[209]BENEDETTO XVI, lett. enc. *Deus caritas est*, n° 6.
[210]BENEDETTO XVI, lett. enc. *Deus caritas est*, n° 6.
[211]BENEDETTO XVI, lett. enc. *Deus caritas est*, n° 6.
[212]SCOLA, ANGELO, *Eros e agape in "Deus caritas est"*, p. 121.

Il Mistero della Croce è quindi l'ultima parola dell'amore di Dio, esso però ne è anche l'interpretazione, perché partendo dalla Croce di Cristo si capisce il senso profondo del sacrificio e del valore redentivo dell'amore nella sua duplice forma di *eros/agape*. L'annientamento del Verbo incarnato ha il suo culmine nella Croce, questo dono totale, senza riserve, ha la sua origine ancor prima dell'incarnazione, quando ancora *"si trova nella forma di Dio"*[213]. Il Dio della gloria rinuncia a ciò che gli è dovuto e si abbassa alla condizione servile, abbandona la sua uguaglianza con Dio. Questa sua auto-rinuncia della propria dimensione egotica è causata dall'amore per l'uomo da quell'esigenza donativa che emerge nella vicenda storica del Cristo, *"Gesù Cristo ... si può concedere il lusso di rinunciare alla sua gloria, è quindi così divinamente-libero da potersi legare all'obbedienza del servo"*[214].

Questa prospettiva produce uno sconvolgimento nel modo di vedere Dio, l'accento è posto sull'amore totale, che si esprime pienamente nell'abbandonare ciò che gli appartiene per natura.

La Croce, espressione estrema e suprema del sacrificio, si mostra come: *"l'eros di Dio per l'uomo è insieme totalmente agape"*[215], la passione di Dio per l'uomo si manifesta in un amore che salva e ridona la dignità perduta.

La *kenosi* è la rivelazione autentica della divinità, in quanto: *"nell'impotenza del Figlio incarnato e del Crocifisso è l'onnipotenza di Dio"*[216], nel mistero della Croce è racchiusa tutta la giustizia di Dio che non si lascia trasportare dall'ira per il peccato ma concede all'umanità una nuova possibilità e una vita vera. Questa possibilità è determinata dalla dinamica del desiderio che caratterizza l'*eros*, il quale imprime nell'uomo l'impulso più profondo che sarà saziato solo nel momento dell'incontro con Dio stesso: *"la tensione erotica è pertanto il motivo stesso che giustifica l'iniziativa divina verso la sua creatura: se non ci fosse il desiderio saremmo in quella forma di autosufficienza che non ha bisogno di Dio"*[217].

---

[213]BALTHASAR, HANS URS, *Teologia dei tre giorni*, p. 35.
[214]BALTHASAR, HANS URS, *Teologia dei tre giorni*, p. 39.
[215]BENEDETTO XVI, lett. enc. *Deus caritas est*, n° 10.
[216]BALTHASAR, HANS URS, *Teologia dei tre giorni*, p. 44.
[217]FRANCO, FRANCESCO, *La passione dell'amore. L'ermeneutica cristiana di Balthasar e Origene*, Bologna, EDB, 2005, (Nuovi Saggi Teologici), p. 241.

2.2.3 La Croce "*forma*" della liturgia del venerdì santo

Quando si parla di forma relativamente al rito si deve tener conto che essa è "*un linguaggio che interagisce con la sensibilità umana e introduce il credente celebrante per vie proprie nel mistero*"[218]. La partecipazione rituale è esperienza che media il dono della grazia permettendo così al credente la partecipazione al mistero celebrato. Il modo con cui si celebra, la forma rituale, non è qualcosa di marginale, ma permette al sacramento di essere efficace e questo avviene attraverso la partecipazione attiva all'azione liturgica. Ogni elemento della celebrazione non è considerato di secondaria importanza in ordine al "*significato del sacramento*"[219], ma essenziale, "*come mediazione autentica ed efficace dell'evento salvifico*"[220]. La forma rituale è la situazione identificativa dei sacramenti e di ogni azione liturgica della Chiesa, in essa è racchiusa la forza della grazia che proprio a partire dalla sua forma diventa fruibile. Questa prospettiva comporta la necessità di riconoscere l'azione rituale come "*luogo originario*"[221] per ricevere la grazia significata in quello specifico rito.

Nella partecipazione alla Celebrazione della Passione del Signore si ha chiaramente percezione che tutto gravita attorno alla Croce. Tutto ciò che si celebra *per ritus et preces* ha come asse orbitale la Croce. L'assemblea ha la possibilità di affacciarsi sul mistero, la natura e la struttura di questa celebrazione esigono che l'assemblea, secondo la ministerialità necessaria, faccia esperienza che radunarsi silenziosamente, ascoltare la Parola di Dio, fare memoria adorante della Passione e partecipazione al pane consacrato hanno come scopo quello di "*tras-formare i celebranti*"[222], divenendo così esperienza del mistero della Passione redentrice del Signore.

La forma rituale della Celebrazione della Passione del Signore non è fine a se stessa, ma mira all'incontro con il mistero della redenzione nella sua pienezza, permette a coloro che vi partecipano di accedere alla pienezza del senso e di entrare in comunione con la ricchezza della grazia. Il contesto di fede nel quale viene celebrata questa azione rituale

[218]DELLA PIETRA, LORIS, *Rituum forma. La teologia dei sacramenti alla prova della forma rituale*, Padova, EMP – Abbazia di Santa Giustina, 2012 ("Caro salutis cardo". Studi, 21), p. 13.

[219]DELLA PIETRA, LORIS, *Rituum forma. La teologia dei sacramenti alla prova della forma rituale*, p. 15.

[220]DELLA PIETRA, LORIS, *Rituum forma. La teologia dei sacramenti alla prova della forma rituale*, p. 16.

[221]DELLA PIETRA, LORIS, *Rituum forma. La teologia dei sacramenti alla prova della forma rituale*, p. 17.

[222]DELLA PIETRA, LORIS, *Rituum forma. La teologia dei sacramenti alla prova della forma rituale*, p. 24.

permette che sia rinnovata la memoria della Passione e sia plasmata l'identità del credente che vi prende parte.

La Croce è spesso percepita solamente come contenuto teologico o viene riconosciuto che essa è contenuta nel rito, ma si dimentica facilmente che essa è forma della liturgia: *"forma rituale della liturgia ecclesiale"*[223]; essendo azione e relazione simbolica, la liturgia è un soggetto, cioè la Chiesa, che compie un'azione per un altro soggetto che è l'assemblea, a nome di un terzo soggetto, il Signore Gesù crocifisso e risorto, vero protagonista dell'azione liturgica.

La celebrazione nel suo insieme ha a che fare con la Croce come *"forma globale del rito cristiano"*[224]: dal punto di vista della forma simbolica nella liturgia la Croce parla, come dal punto della forza simbolica nella liturgia la Croce agisce, per realizzare l'incontro con il Crocifisso che si fa presente e agisce con la sua forza salvifica. La forza simbolica della liturgia del venerdì santo è capace di agire in profondità toccando le corde più profonde degli affetti e delle impressioni sensibili.

La relazione *"tra la croce come contenuto teologico della fede cristiana e la croce come forma rituale"*[225] è paragonabile alle dinamiche che soggiacciono ai concetti dell'interruzione e dell'ossimoro[226].

La logica dell'interruzione è caratterizzata dall'idea di differenza intesa come *"salto simbolico"*[227], nei vangeli sinottici la morte in Croce è presentata come una rottura rispetto all'ordinarietà della vita degli uomini e del cosmo stesso. Si rompe l'immaginario teologico dei contemporanei di Gesù, la sua morte in Croce contrasta in maniera evidente con la pretesa messianica accampata durante la sua vita pubblica. Per accettare la sua divinità, a partire dall'evento della Croce, deve essere messo in discussione l'impianto teologico che è alla base dell'esperienza ebraica di Dio ma in un certo modo, introducendo l'idea del fallimento e della morte nella concezione di Dio stesso, viene messa in discussione *"una*

---

[223]BONACCORSO, GIORGIO, *L'estetica del rito. Sentire Dio nell'arte*, p. 187.
[224]BONACCORSO, GIORGIO, *L'estetica del rito. Sentire Dio nell'arte*, p. 187.
[225]BONACCORSO, GIORGIO, *L'estetica del rito. Sentire Dio nell'arte*, p. 187.
[226]BONACCORSO, GIORGIO, *L'estetica del rito. Sentire Dio nell'arte*, p. 187.
[227]BONACCORSO, GIORGIO, *L'estetica del rito. Sentire Dio nell'arte*, p. 187.

visione diffusa del divino"[228]. La liturgia assume la forma della Croce nel momento in cui assume i connotati della "*liminalità*".[229]

La logica dell'ossimoro è comprensibile nella prospettiva della composizione [230], la liturgia nella sua dinamica simbolico-rituale contiene ciò che è agli antipodi: tiene unito ciò che è spirituale con ciò che è sensibile. La liturgia esprime nella sfera estetica ciò che è proprio della sfera spirituale.

2.3 La dinamica sacramentale dell'adorazione della Croce

La salvezza è il modo con cui Dio ha scelto di essere vicino agli uomini essa ha il suo inizio con l'antica Alleanza e ha il suo culmine nella vicenda storica di Gesù Cristo. Dio stabilisce un patto di alleanza con il popolo d'Israele e questo rapporto "*presenta, fin dall'inizio, una struttura, nel senso più lato del termine, sacramentale, e cioè una mediazione salvifica a favore di tutte le genti*"[231].

All'apice della vicenda di Israele troviamo la figura di Gesù di Nazareth. Egli cerca di realizzare nella sua vita attraverso gesti e parole l'amore del Padre che vuole salvare tutti gli uomini dalla condanna del peccato e della morte. Da questi gesti "*traspare il carattere di sacramento e segno che connota la sua stessa vita*"[232].

La struttura del sacramento è determinata dal rapporto che si crea tra parola e gesto, un rapporto che è legato alla sacralità. Questa struttura è di ordine antropologico e ha come presupposto l'idea di "*corpo parlante*"[233], un corpo che interagendo con il mondo lo trasforma, ma anche un corpo che per comunicare con i propri simili usa la parola. Il sacro specifico dell'esperienza cristiana "*è legato all'intervento di Dio nel nostro mondo*"[234]. È proprio della logica dell'Incarnazione che il sacro attraverso la sua espressione rituale

---

[228]BONACCORSO, GIORGIO, *L'estetica del rito. Sentire Dio nell'arte*, p. 188.
[229]BONACCORSO, GIORGIO, *L'estetica del rito. Sentire Dio nell'arte*, p. 188.
[230]BONACCORSO, GIORGIO, *L'estetica del rito. Sentire Dio nell'arte*, p. 188.
[231]COURTH, FRANZ, *I Sacramenti. Un trattato per lo studio e per la prassi*, Brescia, Queriniana, 1999, ("Biblioteca di Teologia Contemporanea"), p. 23.
[232]COURTH, FRANZ, *I Sacramenti. Un trattato per lo studio e per la prassi*, p. 24.
[233]SESBOÜÉ, BERNARD, *Invito a credere. Credere nei sacramenti e riscoprirne la bellezza*, Cinisello Balsamo (Milano), San Paolo, 2011, p. 17.
[234]SESBOÜÉ, BERNARD, *Invito a credere. Credere nei sacramenti e riscoprirne la bellezza*, p. 19.

incontri l'uomo con il suo corpo e le forze che lo caratterizzano. I riti cristiani non solo rispettano l'uomo nella sua condizione esistenziale ma si fanno incontro all'uomo stesso.

L'economia sacramentale, cioè quella disposizione generale che ci fa entrare nel dono della salvezza, si inserisce nella nostra umanità attraverso un'azione rituale. Il rito non ha efficacia a partire da ciò che realizza materialmente, ma in virtù di ciò che è capace di evocare nell'ordine complesso dei grandi simboli che caratterizzano l'esistenza umana, la governano e dai quali nessun uomo è escluso. Il rito è essenzialmente simbolico, esso ha come scopo quello di soddisfare la nostra esigenza di rappresentarci la totalità della nostra esistenza: *"la celebrazione scandisce il calendario del corso della nostra vita, invitandoci ad una presa di coscienza"*[235]. Nonostante il termine *"simbolo"* nella nostra società abbia un valore ambiguo, in quanto simbolico è spesso sinonimo di non reale, la teologia sacramentaria e liturgica affermano la sua natura originale e soprattutto reale, caratteristiche che sono desunte da un'efficacia intrinseca del simbolo stesso: *"il simbolo attiene all'ordine del valore"*[236], un valore che trascende la realtà immediata. Il simbolo è correlazione fra parti che prese isolatamente sono prive di valore, ma, nel momento in cui vengono unite, permette di riconoscere il legame che esiste tra loro. Il simbolo supera l'ordine dell'oggettività immediata, la trascende e da questo superamento attinge la forza che gli è propria. L'ordine altro, nel quale il simbolo ci introduce, è già scritto nella sua dinamica sensibile. È a questo ordine simbolico che appartiene la sacramentalità: esso è il *"termine privilegiato per restituire al contempo la natura del sacramento e la sua efficacia"*[237].

La Croce non è solo il segno della morte violenta di un uomo, al quale rinvia nella sua forma oggettiva; la Croce è anche l'amore che si incarna e si realizza come storia effettiva e che si esprime nella vicenda storica di Gesù di Nazareth, Verbo di Dio fatto carne: la Croce è il simbolo dell'amore gratuito di Dio. È nella Croce che questo segno salvifico dell'amore di Dio è manifestato in modo pieno e assoluto. La Croce strumento di dolore e morte è considerato dalla Chiesa nascente come segno, cioè sacramento, dell'amore di Dio: *"la parola della croce è stoltezza per quelli che vanno in perdizione, ma per quelli che si salvano, per noi, è potenza di Dio"* (1 Cor, 1,18). Il Cristo crocifisso è immagine di

---

235 SESBOÜÉ, BERNARD, *Invito a credere. Credere nei sacramenti e riscoprirne la bellezza*, p. 21.

236 SESBOÜÉ, BERNARD, *Invito a credere. Credere nei sacramenti e riscoprirne la bellezza*, p. 22.

237 SESBOÜÉ, BERNARD, *Invito a credere. Credere nei sacramenti e riscoprirne la bellezza*, p. 24

Dio che si dona agli uomini, una immagine che è rivelazione e non semplice rappresentazione, in essa è espresso *"un dinamismo orientato dall'alto verso il basso, da Dio all'uomo, ma anche una linea ascendente, che va dall'uomo al Padre"*[238], introducendo così il credente non nella condizione di colui che riceve qualcosa dall'alto, ma nella situazione di chi si trova pienamente coinvolto come soggetto consapevole nell'azione salvifica. I segni sacramentali hanno il duplice compito di tenere uniti Dio e l'uomo ed essi possono essere celebrati perché esprimono questa relazione: la santificazione dell'uomo e la gloria di Dio[239]. La Croce è quindi segno della bontà divina del Padre che si abbassa al livello dell'uomo, nello stesso tempo si apre alla disponibilità dell'uomo a lasciarsi coinvolgere in questo progetto di salvezza. Essendo segno della salvezza, la Croce diviene essa stessa presenza di Dio, segno sacramentale dell'amore misericordioso del Padre. Il profondo legame, quasi identificativo, che esiste tra la Croce e il Crocifisso sottolinea che l'incontro con essa apre all'incontro con Colui che rappresenta, essa non solo significa qualcosa ma produce un vero incontro tra Dio e l'uomo. La morte di Croce diventa per Gesù la porta del cielo, di conseguenza la morte cristiana diventa la possibilità della verità di Dio che a sua volta si identifica con la possibilità di sperimentare l'impossibile: vedere e toccare Dio in Gesù Cristo. Gesù diventa così il punto di convergenza della esorbitante divinità che, in questo modo, è percepibile e sperimentabile.

Una delle parole chiave dell'azione rituale è quella di attualizzazione intesa come *"comunicazione sacramentale del mistero di Cristo"*[240] la potenza dello Spirito Santo rende presente il mistero pasquale.

Il Concilio di Trento per affermare la dimensione sacrificale della Messa ha utilizzato la nozione di ripresentazione: *"Si tratta di una nozione tecnica, che esprime bene il riferimento dinamico di due presenze: l'eterna presenza del sacrificio compiuto una volta per tutte sull'altare della croce (cf Eb 10, 12-14) e la presenza esistenziale della Chiesa"*[241]. Del concetto dinamico di ripresentazione, il Concilio Tridentino, offre, a livello testuale, due interpretazioni possibili che risultano essere complementari. Da una parte c'è l'idea di

---

[238]COURTH, FRANZ, *I Sacramenti. Un trattato per lo studio e per la prassi*, p. 25.
[239]*SC*, 5-7.
[240]*CCC*, 1092
[241]GIRAUDO, CESARE, *Ascolta, Israele! Ascoltaci, Signore! Teologia e spiritualità della Liturgia della Parola*, p. 87.

"ripresentazione dell'evento fondatore a noi"[242], dall'altra quella di *"ripresentazione di noi all'evento fondatore"*[243]. La prima accezione della nozione di ripresentazione nella catechesi post-tridentina ne esce indebolita in quanto si intese più come *"rappresentazione"*[244] o *"rinnovazione"*[245] del sacrificio della Croce, mettendo così a rischio la comprensione dell'evento che viene celebrato. La seconda formulazione della nozione di ripresentazione non corre alcun rischio di fraintendimento in quanto attraverso la dinamica sacramentale siamo noi che, in maniera reale, ci muoviamo per essere salvificamente ripresentati all'evento della Passione e Risurrezione del Signore: *"Ne consegue che dobbiamo sentirci teologicamente in movimento allorché ci troviamo coinvolti nella dinamica celebrativa"*[246]. La nostra comunione sacramentale ci tiene uniti attraverso il mistero celebrato al primo Triduo Pasquale in una *"esistenza relazionale sempre nuova"*[247].

Applicando la nozione di *ripresentazione* all'adorazione della Croce della Celebrazione della Passione del Signore possiamo riconoscere, attraverso la mediazione della Croce che viene svelata e presentata ai fedeli per l'adorazione, il Signore, il Crocifisso che si fa presente alla comunità radunata. Questo momento si presenta in tutto come attualizzazione cioè: *"ripresentazione di Dio a noi"*[248]. Ma anche l'altra sfumatura dell'idea di *ripresentazione* che deduciamo dal dettato del Concilio tridentino può essere applicata al rito di adorazione della Croce: attraverso il gesto che viene compiuto da ogni fedele per adorarla noi veniamo ripresentati all'evento di Dio che si manifesta nella sua Passione redentrice. Il rito di adorazione della Croce può essere compreso come *"attualizzazione quasi-sacramentale"*[249] dell'evento della morte in Croce e quindi possiamo vedere in essa *"il segno efficace di una realtà salvifica che indubbiamente si compie"*[250]. Nel momento dell'adorazione viene messa in atto una duplice presenza dinamica *"attraverso l'efficacia del*

---

[242]GIRAUDO, CESARE, *In unum Corpus. Trattato mistagogico sull'eucaristia*, Cinisello Balsamo (Milano), San Paolo, 2001², p. 480.
[243]GIRAUDO, CESARE, *In unum Corpus. Trattato mistagogico sull'eucaristia*, p. 480.
[244]GIRAUDO, CESARE, *Ascolta, Israele! Ascoltaci, Signore! Teologia e spiritualità della Liturgia della Parola*, p. 88.
[245]GIRAUDO, CESARE, *Ascolta, Israele! Ascoltaci, Signore! Teologia e spiritualità della Liturgia della Parola*, p. 88.
[246]GIRAUDO, CESARE, *Ascolta, Israele! Ascoltaci, Signore! Teologia e spiritualità della Liturgia della Parola*, p. 88.
[247]GIRAUDO, CESARE, *Ascolta, Israele! Ascoltaci, Signore! Teologia e spiritualità della Liturgia della Parola*, p. 89.
[248]GIRAUDO, CESARE, *Ascolta, Israele! Ascoltaci, Signore! Teologia e spiritualità della Liturgia della Parola*, p. 89.
[249]GIRAUDO, CESARE, *Ascolta, Israele! Ascoltaci, Signore! Teologia e spiritualità della Liturgia della Parola*, p. 90.
[250]GIRAUDO, CESARE, *Ascolta, Israele! Ascoltaci, Signore! Teologia e spiritualità della Liturgia della Parola*, p. 90.

segno, Dio viene ripresentato al nostro oggi"[251], non solo come concetto ma plasticamente, in maniera reale, nella Croce utilizzata per il rito e allo stesso modo l'assemblea è chiamata ad essere presente all'evento che si è consumato sul Golgota. La comunità, durante il venerdì santo, non può essere ripresentata al Calvario senza la Croce, perché essa ci rende *"sacramentalmente presenti"*[252] alla vera Croce che è sorgente di salvezza per tutti i credenti.

2.3.1 Il Kerigma della Croce: tra parola e gesto

L'evento salvifico del Cristo crocifisso è il nucleo intorno al quale tutto l'annuncio della Chiesa nascente si dispone. Troviamo un esempio della centralità della Croce per la Chiesa apostolica nella riflessione dell'apostolo Paolo nella Lettera ai Galati, in cui l'apostolo contrasta i fedeli giudaizzanti che volevano introdurre il vangelo della circoncisione e dell'osservanza della Legge per i cristiani che provenivano dal paganesimo come i Galati stessi[253]. Paolo invece insiste sulla centralità dell'annuncio della Croce. Non le opere della legge, ma la fede in Cristo crocifisso realizza la giustificazione, determinando la partecipazione alla vita divina mediante lo Spirito. Per Paolo non ha alcun senso riconoscere che il Figlio di Dio ha sofferto la morte di croce, così da essere trasformati dalla sua morte e poi essere sedotti e attratti da altre dottrine, cercando una via di redenzione diversa. Gesù il Crocifisso è il punto di partenza dell'esistenza rinnovata del credente ed il punto culminante di questa stessa esistenza. Il Crocifisso è il grande manifesto dell'amore di Dio che, chiamando alla fede, ha il potere di rendere inaccessibili a qualsiasi altra seduzione, di far diventare la fede così salda da resistere ad ogni influsso negativo. La comunità cristiana di ogni tempo non si limita ad annunciare qualche aspetto della passione subita da Cristo o di insistere su aspetti visibili del Crocifisso, anche perché nessuno può trovare qualcosa di attraente in un uomo che pende dalla Croce; non c'è nulla in un crocifisso che possa attirare lo sguardo; ma si tratta di guardare in profondità, di leggere con chiarezza l'opera realizzata da Colui che sulla Croce ha donato la sua vita per

[251]GIRAUDO, CESARE, *Ascolta, Israele! Ascoltaci, Signore! Teologia e spiritualità della Liturgia della Parola*, p. 90.
[252]GIRAUDO, CESARE, *Ascolta, Israele! Ascoltaci, Signore! Teologia e spiritualità della Liturgia della Parola*, p. 91.
[253]BUSCEMI, ALFIO MARCELLO, *Lettera ai Galati. Commentario esegetico*, Jerusalem, Franciscan Printing Press, ("Studium Biblicum Franciscanum, Analecta" 63), 2004.

noi: in ciò risiede la forza della predicazione della Chiesa di tutti i tempi. La Croce su cui Gesù è innalzato può attirare lo sguardo perché essa è l'espressione di un grande amore, l'amore del Figlio di Dio per ciascuno dei credenti, amore che lo ha spinto ad offrirsi al supplizio più infamante per la loro salvezza. Chi ha ricevuto questa rivelazione non può staccarsi dalla contemplazione del Crocifisso, perché vi trova l'essenza di un amore salvifico senza pari. Il credente viene così liberato dalla tentazione di cercare altrove la salvezza, come se Cristo fosse morto invano. Nel Crocifisso Dio rivela la nuova identità del credente che catalizza ogni gesto e ogni sforzo di cambiamento. Il Golgota è pertanto il luogo epifanico del Cristo e dell'identità del credente, perché l'evento di salvezza che su di esso si è compiuto ha rotto le barriere del tempo e i suoi effetti sono verificabili nel presente della vita del credente. La predicazione della Chiesa non fa altro che annunciare quanto sia attuale e sempre efficace quell'evento. Attraverso la mediazione del Crocifisso è rivelata l'identità del credente, perché gli viene svelato che egli è colui che ha ricevuto il dono di condividere la stessa morte di Cristo. Così come Dio si è definitivamente compromesso con l'uomo, allo stesso modo l'uomo, segnato dalla morte di Cristo, non appartiene più a se stesso, ma a Dio che lo ha liberato dalla schiavitù del peccato e della morte e lo ha reso suo figlio per mezzo dello Spirito.

Infatti l'ascolto della narrazione della Passione, in qualsiasi forma essa venga compiuta, non consiste semplicemente nell'accogliere la predicazione che annuncia Cristo crocifisso, ma è un ascolto che determina una relazione personale con Cristo mediante lo Spirito; consiste nell'accettare Cristo crocifisso come fondamento unico della propria esistenza e tramite Cristo, partecipare alla relazione con Dio. È questo il significato profondo del Kerygma della Croce: l'accoglienza della vita di Cristo in me, al punto che la mia vita appartenga più a Lui che a me stesso. E ciò è possibile perché Cristo ha donato la sua vita sulla Croce per me, ed è veramente morto per me, per comunicare al credente una nuova condizione esistenziale (Gal 3, 20). La fede del credente raggiunge Cristo quando sta sulla Croce e si lascia prendere nel movimento del suo mistero, movimento che porta all'accettazione della morte in un abbassamento completo, al quale Dio risponde con un innalzamento glorioso. Il dono dello Spirito è condizionato a questa predicazione e a questo evento di salvezza, perché la morte di Cristo ha aperto la possibilità di ricevere lo Spirito: a chi crede in Cristo morto per la salvezza, per amore, Dio elargisce lo Spirito.

Nell'oggi della Chiesa l'evento della Croce viene a noi non solo attraverso la narrazione evangelica ma anche attraverso la mediazione rituale, mantenendo come scopo quello della creazione di un incontro tra l'evento e il credente: *"la celebrazione cristiana non è assolutamente distaccata dalla vita, anzi ne costituisce il momento di presa di coscienza comunitario. Celebrare, tra l'altro, significa far affiorare a livello di coscienza comunitaria il fiume sotterraneo della storia della salvezza e farne percepire i frutti, che crescono man mano che questa storia si svolge"*[254].

La Costituzione Conciliare *Dei Verbum* sulla divina Rivelazione afferma: *"questa economia della rivelazione avviene con eventi e parole tra loro intimamente connessi, in modo che le opere, compiute da Dio nella storia della salvezza, manifestano e rafforzano la dottrina e le realtà significate dalle parole, e le parole proclamano le opere e illuminano il mistero in esso contenuto"*[255]. La Celebrazione della Passione del Signore è immersa nella storia della salvezza, la contiene e la continua come opera di salvezza, che si consegna alla comunità credente come azione rituale: *"la lettera-sacramento si precipita in corpo-sacramento nelle mediazioni espressive dei riti: gesti, posizioni, oggetti, luoghi e tempi, agenti con ruoli differenziati..."*[256]. Il linguaggio, verbale e non verbale, media il mistero rivelato traendo il suo valore e la sua forza dalle Scritture stesse *"dalla tavola delle Scritture alla tavola del sacramento… Da Emmaus in poi, si vede il momento propriamente sacramentale preceduto da un momento scritturario"*[257]. La comunicazione di Dio che avviene nell'azione sacramentale *"sarà sempre nella modalità della comunicazione effettuata dalla parola"*[258]. La Celebrazione della Passione del Signore rispetta profondamente questa dinamica specificatamente sacramentale, alla proclamazione delle Scritture che narrano le vicende della Passione e in modo culminante la Crocifissione fa eco il momento di adorazione della Croce, in questo modo l'azione rituale permette che ciò che viene proclamato dalla scrittura si realizzi nell'assemblea che celebra in quel

[254]CECOLIN, ROMANO, *I testimoni oranti della Croce. I racconti della passione e l'ambiente liturgico di origine e di destinazione*, p. 47.
[255]*DV*, n° 2.
[256]CHAUVET, LOUIS-MARIE, *Simbolo e sacramento. Una rilettura sacramentale dell'esistenza cristiana*, Leumann (To), Elle Di Ci, 1990, p. 154.
[257]CHAUVET, LOUIS-MARIE, *Simbolo e sacramento. Una rilettura sacramentale dell'esistenza cristiana*, p. 154.
[258]CHAUVET, LOUIS-MARIE, *Simbolo e sacramento. Una rilettura sacramentale dell'esistenza cristiana*, p. 155.

determinato momento. L'adorazione della Croce risulta figura simbolica di quanto è stato narrato dalla Scrittura, essa ci fa letteralmente vedere ciò che le Scritture dicono e di conseguenza spinge l'assemblea a vivere ciò che prima ha ascoltato e poi ha contemplato: *"ciò che esso segna sul corpo sociale della Chiesa e sul corpo di ognuno diventa una ingiunzione a «Veri-ficarlo» nel quotidiano"*[259].

Nell'adorazione della Croce assistiamo al *"transito della lettera verso il corpo"*[260]: la comunità celebrante non solo sperimenta la verità di ciò che è stato annunciato, non solo lo vive attuato nella celebrazione rituale, ma lo trasforma in esperienza esistenziale, in vita: *"la vita della Chiesa è colta nel momento di una presa di coscienza del rivivere dell'evento, presa di coscienza portata avanti in forma collettiva e celebrativa"*[261].

2.3.2 La Croce: evento fontale dei sacramenti della Chiesa

La sacramentaria moderna è unanime nell'affermare la prospettiva cristologica del sacramento: *"il Mistero nascosto da secoli nella mente di Dio, creatore dell'universo"* (Ef 3,9) e ultimamente rivelato *"nella pienezza dei tempi"* (Gal 4,4) è Cristo, il Verbo fatto carne, che compie l'esercizio della sua mediazione salvifica, unendo in modo inscindibile il divino e l'umano: *"la legge dell'incarnazione è una legge dell'economia divina"*[262]. La logica dell'incarnazione ha come vertice la persona di Gesù Cristo. Gli eventi dell'Antico Testamento, i grandi annunci profetici e le scritture sapienziali, piuttosto che la ritualità del tempio, sono ora ricapitolate e completate in Gesù Cristo *"solo mediatore fra Dio e gli uomini"* (1Tm 2,5). La comprensione di Cristo come sacramento parte dalla considerazione che gli avvenimenti e i gesti della sua vita ed in modo particolare quelli della Passione e della Risurrezione manifestano la sua identità, la sua potenza e la sua missione: *"la legge della sacramentalità è un caso particolare della legge più generale dell'incarnazione"*[263].

---

[259]CHAUVET, LOUIS-MARIE, *Simbolo e sacramento. Una rilettura sacramentale dell'esistenza cristiana*, p. 158.
[260]CHAUVET, LOUIS-MARIE, *Simbolo e sacramento. Una rilettura sacramentale dell'esistenza cristiana*, p. 158.
[261]CECOLIN, ROMANO, *I testimoni oranti della Croce. I racconti della passione e l'ambiente liturgico di origine e di destinazione*, p. 72.
[262]VAGAGGINI, CIPRIANO, *Caro salutis est cardo. Corporeità, Eucaristia e liturgia*, Villa Verucchio, Edizioni Camaldoli, 2009, p. 117.
[263]VAGAGGINI, CIPRIANO, *Caro salutis est cardo. Corporeità, Eucaristia e liturgia*, p. 118.

È a partire dalla comprensione di Cristo come sacramentalità fontale che i singoli sacramenti possono essere vissuti come dispiegamento della potenza di Cristo nell'oggi della storia. Essendo incontro con Cristo, ogni sacramento deve sempre essere ricondotto alla sua origine, perché è da Cristo stesso che attinge la ragione d'essere e la forza salvifica. I sacramenti sono il prolungamento teandrico del Verbo fatto carne: "*se Dio vorrà divinizzare l'uomo rispettandone il modo di essere e agire connaturale, questa divinizzazione non potrà essere che una «incarnazione» una discesa di Dio nell'uomo fino alla sua carne, e un'«elevazione», come un'assunzione, non solo dell'anima, ma anche del corpo dell'uomo nella vita divina*"[264].

Nella teologia sacramentaria, a fianco dell'idea di Gesù come fondatore dei sacramenti, si inserisce quella di Gesù come fondamento dei sacramenti, avendo come orizzonte giustificativo il mistero pasquale stesso. L'apostolo Paolo nella prima lettera ai Corinzi afferma: "*infatti nessuno può porre un fondamento diverso da quello che già vi si trova, che è Cristo Gesù*" (3,11). A sua volta il Concilio Ecumenico Vaticano II nella Costituzione Dogmatica sulla Chiesa attesta il valore fontale del Cristo per tutta l'azione salvifica della Chiesa: "*Perciò Cristo, per adempiere la volontà del Padre, ha inaugurato in terra il regno dei cieli e ci ha rivelato il mistero di lui, e con la sua obbedienza ha operato la redenzione. La Chiesa, ossia il regno di Cristo già presente in mistero, per la potenza di Dio cresce visibilmente nel mondo. Questo inizio e questa crescita sono significati dal sangue e dall'acqua, che uscirono dal costato aperto di Gesù crocifisso (cfr. Gv 19,34), e sono preannunziati dalle parole del Signore circa la sua morte in croce: «Ed io, quando sarò levato in alto da terra, tutti attirerò a me» (Gv 12,32). Ogni volta che il sacrificio della croce, col quale Cristo, nostro agnello pasquale, è stato immolato (cfr. 1 Cor 5,7), viene celebrato sull'altare, si rinnova l'opera della nostra redenzione. E insieme, col sacramento del pane eucaristico, viene rappresentata ed effettuata l'unità dei fedeli, che costituiscono un solo corpo in Cristo (cfr. 1 Cor 10,17). Tutti gli uomini sono chiamati a questa unione con Cristo, che è la luce del mondo; da lui veniamo, per mezzo suo viviamo, a lui siamo diretti.*"[265]. I sacramenti sono l'attualizzazione, in questo luogo e nell'oggi della Chiesa, dei misteri della vita terrena del Signore, perché, come attesta la fede della Chiesa, "*i misteri della vita di Cristo costituiscono i*

[264]VAGAGGINI, CIPRIANO, *Caro salutis est cardo. Corporeità, Eucaristia e liturgia*, p. 116.
[265]*LG*, n° 3.

fondamenti di ciò che, ora, Cristo dispensa nei sacramenti mediante i ministri della sua Chiesa, poiché «ciò che [...] era visibile nel nostro Salvatore è passato nei suoi sacramenti»"[266]. L'opera della salvezza del Redentore passa dalla Vita di Cristo alla vita in Cristo e questo accade attraverso l'economia sacramentale affidata alla Chiesa. Sempre la tradizione patristica unitamente a quella liturgica identifica il momento in cui l'opera di salvezza viene "consegnata" alla Chiesa nell'evento della Croce e in modo specifico dal sangue e dall'acqua che sgorgano dal suo costato generando la Chiesa e i suoi sacramenti: "*Cristo è quella pietra (...) che la lancia perfora per farne uscire acqua e sangue, per far sgorgare per noi le fonti della salvezza, l'acqua della grazia e il sangue del sacramento, perché la fonte della nostra salvezza ne è anche il prezzo*"[267]. Mentre il prefazio della Solennità del Sacro Cuore di Gesù afferma: "*innalzato sulla croce, nel suo amore senza limiti donò la vita per noi, e dalla ferita del suo fianco effuse sangue e acqua, simbolo dei sacramenti della Chiesa, perché tutti gli uomini, attirati al Cuore del Salvatore, attingessero con gioia alla fonte perenne della salvezza*"[268]. Ogni sacramento, e quindi ogni azione liturgica, attinge la sua forza dall'attività salvifica di Cristo nella "forma" di evento ecclesiale: "*forze che escono dal Corpo di Cristo, sempre vivo e vivificante, azioni dello Spirito operante nel suo Corpo che è la Chiesa, i sacramenti sono i «capolavori di Dio» nella Nuova ed Eterna Alleanza*"[269].

Attraverso le parole e i gesti sacramentali è il Risorto, che è presente con la sua forza nei sacramenti e per mezzo del Suo Santo Spirito trasforma i credenti, li inserisce nel mistero pasquale, rendendoli capaci di attingere ai frutti salvifici dell'evento, li rende Chiesa, abilitandoli così all'esercizio del sacerdozio e del culto spirituale e li rende idonei alla missione di testimoni della risurrezione e di servitori, nella Chiesa e nel mondo intero: "*La figura fondamentale della grazia è Gesù Cristo stesso e tutte le forme sacramentali sono fondate su di lui in modo concretissimo (...). Tutti i sacramenti, compresa l'Eucaristia, sono azione salvifica di Dio, in Gesù Cristo, per il credente ecclesiale. Essi si differenziano a seconda della modalità di questa azione salvifica, la quale si specifica primariamente non in base alle situazioni sociologiche generali dell'uomo e ai rapporti tra i credenti, ma secondo i modi in cui Cristo ha rivolto a noi la*

---

[266]*CCC*, 115.

[267]PAOLINO DA NOLA, Ep. 42,4., in TAMBURRINO, FRANCESCO PIO, *Lettera pastorale. Dal fianco trafitto di Cristo sgorgano i sacramenti della Chiesa*, Foggia, N.E.D. srl, 2010, p. 17-18.

[268]*MRI*, p. 289.

[269]CCC 1116.

sua salvezza, che sono modi della sua vita in forma di uomo"[270]. Emerge che l'esperienza sacramentale costituisce il culmine e la fonte non solo della vita del credente, ma della vita e della missione della Chiesa stessa che assume i connotati del nuovo Popolo di Dio. La Chiesa, dunque, esprime la propria natura come sacramento derivato e totale di Cristo, l'elemento visibile più immediato e primordiale di cui Cristo ha deciso di servirsi per incontrare gli uomini e sperimenta come momento fontale della propria esperienza il mistero della Crocifissione così come attesta il Concilio: *"Dal fianco di Cristo morente sulla croce è scaturito il mirabile sacramento di tutta la Chiesa"*[271].

Ne consegue una evidente e profonda unione tra la sacramentalità e la liturgia: *"la liturgia ha sempre una essenza sacramentale, perché è costruzione dello spazio e del tempo attraverso la sacramentalità"*[272]. La Chiesa è manifestazione del Signore ed orienta tutta la sua azione per introdurre gli uomini nella pienezza della salvezza che emana il mistero pasquale del Signore: *"La Chiesa è (...) una presenza incarnata della verità di Cristo (...), una presenza incarnata della grazia di Cristo nella Chiesa per il singolo come tale attraverso i sacramenti. Vista dalla prospettiva di Cristo, la Chiesa è la manifestazione permanente della presenza della sua grazia nel mondo; vista dalla prospettiva dei sacramenti, essa è il sacramento primordiale"*[273]. È partendo dall'esercizio della sua funzione santificatrice e cultuale che la Chiesa esprime e fa fruttificare la sua azione sacramentale, rendendo possibile la percezione e il coinvolgimento con Cristo, vero e unico sacramento di salvezza.

2.3.3 L'Adorazione della Croce come *protestatio fidei*

San Tommaso chiama i sacramenti *sacramenta fidei* e *signa protestantia fidem*, affermando che la *virtù dei sacramenti deriva principalmente dalla fede nella passione di Cristo*, è attraverso la fede che il sacramento diviene operativo dei suoi doni. Questa riflessione sarà ripresa e specificata dalla Costituzione sulla Sacra Liturgia del Vaticano II che al n° 59

---

[270] BALTHASAR, HANS URS, *Gloria. La percezione della Forma*, I, Milano, Jaca Book, 2012², p. 541-542.
[271] *SC*, 5.
[272] TAMBURRINO, FRANCESCO PIO, *Lettera pastorale. Dal fianco trafitto di Cristo sgorgano i sacramenti della Chiesa*, Foggia, N.E.D. srl, 2010, p. 22.
[273] RAHNER, KARL, *Chiesa e sacramenti*, Brescia, Morcelliana, 1969, p. 21.

afferma: *"I Sacramenti non solo suppongono la fede, ma con le parole e gli elementi rituali la nutrono, la irrobustiscono e la esprimono; perciò vengono chiamati Sacramenti della fede"*.

La teologia successiva al Concilio tridentino, preoccupata in modo particolare di arginare la riforma protestante che aveva il suo nucleo centrale nel principio teologico del *"sola fide"*, inteso come reazione ad un'idea magico-sacrale dei sacramenti e affermazione del principio della giustificazione per *"sola gratia"*, separerà l'efficacia della fede dalla efficacia dei sacramenti, subordinando la prima a favore della seconda. La fede verrà considerata marginale rispetto al dinamismo salvifico del sacramento, il suo valore sarà solo legato alla condizione richiesta al soggetto per una più piena recezione dell'effetto del sacramento.

Sicuramente la celebrazione dei sacramenti manifesta la fede della Chiesa e del credente, ma soprattutto è *"espressione della fede"* intesa come necessità perché il sacramento stesso sia posto in essere.

La fede si esprime principalmente come un fatto ecclesiale, i sacramenti sono atti di questa fede ecclesiale e solo se celebrati in essa i sacramenti sono eventi che attualizzano per l'uomo il mistero pasquale. La fede necessita della celebrazione per manifestarsi, la celebrazione necessita della fede[274]. Nella classica distinzione tra la *fides qua* e la *fides quae,* la fede supposta dai sacramenti contiene in sé entrambi gli aspetti, cosicché *lex orandi* e *lex credendi* sono complementari[275].

Unitamente all'espressione della fede della Chiesa il sacramento è anche espressione della fede soggettiva, della fede di ogni singolo credente. Certamente non è la fede del singolo fedele a fare il sacramento, in quanto esso è anzitutto azione di Cristo nella Chiesa, ma la fede personale rimane elemento essenziale perché l'evento sacramentale celebrato nel rito sia accolto, per il principio della teologia dell'incarnazione: Dio ha deciso di non agire nell'uomo senza l'uomo stesso. Per celebrare fruttuosamente qualunque sacramento cristiano è necessaria la dimensione della fede. I sacramenti hanno

[274]BOROBIO, DIONISIO, (Ed.), *La celebrazione nella Chiesa. Liturgia e sacramentaria fondamentale*, 1, Leumann (To), Elle Di Ci, 1992, p. 444.

[275]LODI, ENZO, *Fede Creduta perché Celebrata? Convergenza e divergenza delle due leggi nella liturgia: lex credendi e lex orandi nel Credo ecumenico*, Bologna, EDB, 2012, p. 7.

un valore intrinseco e salvano in quanto azioni di Cristo, ma solo nella fede che li accoglie essi raggiungono il loro scopo.

La salvezza operata da Cristo nell'oggi della Chiesa viene messa in opera *per fidem et fidei sacramenta*, entrambi gli elementi, fede e sacramenti, sono necessari perché quest'opera si compia. Eliminando uno dei due elementi si rende l'uomo arbitro della sua redenzione, dunque non veramente salvato da Cristo. L'esaltazione post tridentina dell'efficacia oggettiva dei sacramenti ha portato spesso a valorizzarli per se stessi, isolandoli da un'effettiva esperienza di fede e facendone così dei mezzi salvifici a totale disposizione della Chiesa e dei singoli richiedenti, spesso riducendoli ad una prospettiva utilitaristica. D'altra parte il soggettivismo della fede fiduciale relativizza i sacramenti e quindi la salvezza operata dal Signore in funzione del sentimento soggettivo[276].

In ogni celebrazione troviamo quindi l'esperienza normativa della fede: *legem credendi lex statuit supplicandi*[277]. La *lex orandi* diviene punto fondamentale per poter professare la propria fede che essa traduce: "*un medesimo atteggiamento di fede, che compone la necessaria fermezza in rapporto all'identità del contenuto e l'inevitabile varietà, o meglio ricchezza, delle formulazioni chiamate ad esprimerlo*"[278]. Non si può più partire solo da testi dottrinali, concepiti come formulazioni da credere, ma è necessario lasciar parlare la liturgia della Chiesa nei suoi testi e nelle sue azioni e da esse trarremo la forma della fede da professare "*Diteci come pregava Agostino a Ippona, Ambrogio a Milano, Isidoro a Siviglia, Gregorio a Nissa, Crisostomo a Costantinopoli, e vi diremo tutto il Credo delle loro Chiese*"[279].

È in questa prospettiva che possiamo rileggere il rito di adorazione della Croce come momento nel quale non solo viene reso culto al Figlio di Dio crocifisso, ma come esperienza rituale nella quale viene affermata la fede della Chiesa nella Passione redentrice. Interroghiamo l'azione rituale dell'adorazione della Croce per sapere che cosa la Chiesa crede riguardo al mistero del Crocifisso.

A riguardo del segno di Croce il Card. Ratzinger scrive: "*E' una professione, espressa mediante il corpo, di fede in Cristo Crocifisso, secondo le parole programmatiche di San Paolo: "Noi*

---

[276] CROCE, VITTORIO, *Cristo nel tempo della Chiesa: teologia dell'azione liturgica, dei sacramenti e dei sacramentali*, Leumann (To), Elle Di Ci, 1992. p. 77.
[277] GIRAUDO, CESARE, *In unum Corpus. Trattato mistagogico sull'eucaristia*, p. 27.
[278] GIRAUDO, CESARE, *In unum Corpus. Trattato mistagogico sull'eucaristia*, p. 27.
[279] BEAUDUIN, LAMBERT, *Essai de manuel fondamental de liturgie*, in QLP 3 (1912/13), p. 143.

annunciamo Cristo Crocifisso, scandalo per i Giudei, stoltezza per i pagani, ma per coloro che sono chiamati, sia Giudei che Greci, predichiamo Cristo, potenza di Dio e sapienza di Dio" (1Cor 1,23s). E ancora: "Io non volli sapere tra di voi se non Cristo, e questi crocifisso" (2,2)"[280]. Già nel segno di Croce, che costituisce l'elemento basilare dell'esperienza cristiana, è racchiusa l'attestazione della fede: " *Segnare se stessi con il segno della croce è un sì visibile e pubblico a Colui che ha sofferto per noi"*[281]. Il segno di Croce è una professione di fede perché rende visibile ciò che è creduto nell'intimo, il segno tracciato sul corpo del credente attesta che tutto di quell'uomo appartiene a Dio: *"credo in Colui che ha sofferto per me ed è risorto; in Colui che ha trasformato il segno dello scandalo in un segno di speranza e dell'amore presente di Dio per noi"*[282]. Anche l'associazione del segno della Croce alla formula trinitaria lo rende una attestazione della fede: *"noi leghiamo il segno della croce con la professione di fede nel Dio Trinità - Padre, Figlio e Spirito Santo. Esso diventa così ricordo del battesimo"*[283]. Lo stretto legame tra la Croce e la professione della fede può essere rilevato nel fatto che nella Croce è sempre stato racchiuso tutto il senso dell'evento cristiano, accogliere la Croce in un certo modo continua l'esperienza veterotestamentaria del *"credere in Dio"*, intesa come accoglienza personale di quel Dio che si è manifestato al popolo con *"mano tesa e braccio potente"* (Dt 5,15). Professare la fede in Dio è sia esperienza di sottomissione, che si esprime attraverso un'osservanza morale, sia abbandono fiducioso nelle braccia di un Dio che si fa prossimo del suo popolo. La professione di fede è incontro totale dell'uomo con Dio, a cui corrisponde una vita che sia conforme alle esigenze di questo incontro.

Adorare la Croce significa affrontare il problema della morte di un solo uomo a favore di tutta l'umanità e, allo stesso tempo, è un gesto che costringe a considerare l'esistenza della morte e del dolore a cui l'uomo è sottoposto e la ricerca di senso che queste esperienze portano con sé. Il contesto teologico che racchiude la professione di fede Niceno-Costantinopolitana vede la morte di Cristo Gesù come giustificazione della distruzione della morte e della sua forza, il suo sacrificio assume valore espiatorio nei confronti di Dio a favore del genere umano ed è allo stesso tempo abbandono fiducioso

---

[280]RATZINGER, JOSEPH, *Introduzione allo spirito della liturgia*, Cinisello Balsamo (Mi), San Paolo, 2001, p. 173.
[281]RATZINGER, JOSEPH, *Introduzione allo spirito della liturgia*, p. 173.
[282]RATZINGER, JOSEPH, *Introduzione allo spirito della liturgia*, p. 173.
[283]RATZINGER, JOSEPH, *Introduzione allo spirito della liturgia*, p. 174.

del Figlio divino che dona completamente se stesso per dare compimento alla missione affidatagli dal Padre. Egli si rivela così come il modello a cui tendere nel cammino di fede che viene professato. La dedizione alla missione che Dio affida ad ogni uomo necessita di essere plasmata sulla forma di quella del Crocifisso[284].

L'adorazione della Croce della Celebrazione della Passione del Signore apre il credente ad accogliere il realismo della salvezza. Ciò che la Chiesa crede e professa in questo rito viene reso plastico e sperimentabile, ciò che è reso impossibile da credere, perché insensato, trova nella Croce svelata ai credenti un fatto storico incontrovertibile carico di senso. La Croce ci richiama al fatto che ciò che viene celebrato non è "*un mito fuori del tempo*"[285] ma proprio perché evento storico può essere celebrato al di là del tempo e della storia stessa in una sorta di memoriale, "*Cristo ha convertito questi eventi in testimonianza di quell'amore che egli ha dimostrato durante tutta la sua vita... La morte di Gesù è la conseguenza logica della sua pro-esistenza di amore per gli uomini*"[286].

L'adorazione della Croce attesta questa verità e chiama l'assemblea a professare la propria adesione di fede sia nel mettersi in ginocchio ogni volta che viene invitata all'adorazione silenziosa, sia nel gesto personale di adorazione che ogni singolo fedele è chiamato a fare durante la celebrazione stessa. Come Cristo volontariamente e liberamente si è donato sulla Croce per la salvezza del Mondo, così il credente aderisce a questo sacrificio con la partecipazione al gesto di adorazione della Croce, che generalmente coincide con il bacio, eloquente segno di amore e passione. Ciò che accade in questa celebrazione non è una elaborazione dottrinale della fede, ma una adesione totale tra interiore ed esteriore al mistero della morte redentrice. Credere in un certo modo "*vuol dire vedere - e quindi correre il rischio - che Cristo è la verità*"[287]. Questo è ciò che accade per chi si lascia trasportare nel rito di adorazione della Celebrazione della Passione del Signore: "*andare alla scuola di Cristo con il pensiero, con il cuore, con il sentimento di ciò che è giusto e non*

[284]LODI, ENZO, *Fede Creduta perché Celebrata? Convergenza e divergenza delle due leggi nella liturgia: lex credendi e lex orandi nel Credo ecumenico*, p. 16.
[285]LODI, ENZO, *Fede Creduta perché Celebrata? Convergenza e divergenza delle due leggi nella liturgia: lex credendi e lex orandi nel Credo ecumenico*, p. 75.
[286]LODI, ENZO, *Fede Creduta perché Celebrata? Convergenza e divergenza delle due leggi nella liturgia: lex credendi e lex orandi nel Credo ecumenico*, p. 76.
[287]ROMANO, GUARDINI, *Il Signore*, Brescia, Morcelliana, 2005, p. 388.

è giusto, con tutto quanto compone l'esistenza umana"[288]. L'adesione di fede che questa celebrazione chiede e suscita è *"un processo, un ammaestramento, una trasformazione, in cui gli occhi sono creati a nuovo, i pensieri sono orientati diversamente, i criteri stessi sono ridimensionati"*[289].

---

[288]ROMANO, GUARDINI, *Il Signore*, p. 388-389.
[289]ROMANO, GUARDINI, *Il Signore*, p. 389.

3 Costruire un contesto celebrativo che manifesti il valore epifanico della Croce

Ogni celebrazione liturgica segue un ordine preciso, che non solo stabilisce la norma di svolgimento dell'azione, indicando il susseguirsi delle diverse parti, ma in qualche modo ne determina la natura stessa. L'*ordo* spesso necessita di un lavoro di interpretazione e mediazione[290], che abiliti tutti coloro che prendono parte alla liturgia "*nella diversità e complementarità di ministeri e doni*"[291] a celebrare il Mistero nella sua profondità, complementarietà e completezza.

3.1 Il valore dell'adorazione della Croce nel progetto celebrativo del venerdì santo

È fondamentale richiamare il progetto di unitarietà del Triduo Pasquale. La sua comprensione e la sua celebrazione non possono prescindere da questo dato di unità, che non elimina la specificità delle singole celebrazioni, ma proprio l'insieme dei tre giorni e delle celebrazioni che lo caratterizzano ci consegnano una realtà tanto peculiare da risultare un'esperienza assolutamente ricca e imprescindibile; il Triduo Pasquale si presenta "*come evento (esperienza) simbolico-celebrativa che sempre rinvia (allude) ad un evento; e come «frammento» appunto: che permette di venire introdotti alla totalità e alla pienezza dell'evento; come «atto celebrativo», fatto da persone e da linguaggi da conoscere e «porre in azione»...*"[292].

Il mistero pasquale non solo è annunciato nell'attività propriamente missionaria e catechetica della Chiesa, ma è da essa concretamente celebrato. Il metodo con il quale si cerca di far emergere il valore di questa modalità celebrativa è quello della verità:

---

[290] CATELLA, ALCESTE - REMONDI, GIORDANO, (ed.) *Celebrare l'unità del Triduo pasquale. 3. Una Veglia illuminata dall'Assente*, Leumann (To), Elle Di Ci, 1998, p. 10.
[291] CATELLA, ALCESTE - REMONDI, GIORDANO, (ed.) *Celebrare l'unità del Triduo pasquale. 3. Una Veglia illuminata dall'Assente*, p. 10.
[292] CATELLA, ALCESTE - REMONDI, GIORDANO, (ed.) *Celebrare l'unità del Triduo pasquale. 3. Una Veglia illuminata dall'Assente*, p. 10.

"celebrare «in verità»"[293], cioè cogliere il valore del complessivo progetto celebrativo che soggiace al Triduo Pasquale, per poi arrivare a cogliere il progetto specifico di ogni singola celebrazione.

La Lettera Circolare della Congregazione per il Culto del 1988 così sintetizza il percorso dell'intero Triduo Pasquale: *"La chiesa celebra ogni anno i grandi misteri dell'umana redenzione dalla messa vespertina del giovedì nella cena del Signore, fino ai vespri della domenica di risurrezione. Questo spazio di tempo è chiamato giustamente il «triduo del crocifisso, del sepolto e del risorto»; ed anche «triduo pasquale» perché con la sua celebrazione è reso presente e si compie il mistero della pasqua, cioè il passaggio del Signore da questo mondo al Padre. Con la celebrazione di questo mistero la chiesa, attraverso i segni liturgici e sacramentali, si associa in intima comunione con Cristo suo sposo"*[294]. Emerge che il dato unificatore dell'intero percorso che il Triduo permette di compiere è sintetizzato nella parola *"pasqua"* e l'obiettivo di quest'unica esperienza protratta per tre giorni e affrontata sotto diverse prospettive rituali e narrative è quello di condurre il credente celebrante a unirsi in maniera unica e irripetibile con *"Cristo suo sposo"*[295]. Esplorare le coordinate teologico celebrative del Triduo costringe ad affrontare le diverse celebrazioni non con una volontà *"chirurgica"* che mira a sezionare i singoli elementi per verificarne la validità o l'attualità, ma il percorso è inverso: l'analisi teologico-celebrativa deve sempre partire e giungere dall'esperienza fondamentale della pasqua come unione con Cristo. Tutto questo percorso deve mirare a meglio vivere *"la confessione di Colui che è il Trafitto Risorto"*[296].

Non pochi sono i problemi che possono essere individuati, soprattutto se si considera il valore centrale del Triduo Pasquale rispetto all'anno liturgico ma anche per il fatto che esso è il centro *"dell'intero ciclo pasquale, quando per quattro mesi una comunità è chiamata a valorizzare un patrimonio di fede e liturgia inscindibile dal contesto in cui vive"*[297].

---

[293]CATELLA, ALCESTE - REMONDI, GIORDANO, (ed.) *Celebrare l'unità del Triduo pasquale. 3. Una Veglia illuminata dall'Assente*, p. 11.
[294]SACRA CONGREGATIO RITUUM, Lett. Circ. *"Pascalis Sollemnitatis"*, n° 38.
[295]SACRA CONGREGATIO RITUUM, Lett. Circ. *"Pascalis Sollemnitatis"*. n° 38.
[296]CATELLA, ALCESTE - REMONDI, GIORDANO, (ed.) *Celebrare l'unità del Triduo pasquale. 3. Una Veglia illuminata dall'Assente*, p. 11.
[297]CATELLA, ALCESTE - REMONDI, GIORDANO, (ed.) *Celebrare l'unità del Triduo pasquale. 1. Il Triduo oggi e il Prologo del Giovedì santo*, Leumann (To), Elle Di Ci, 1994, p. 11.

Questo ci dice chiaramente che *"finché non si raggiungerà una corretta visione dell'anno liturgico, anche il suo culmine non apparirà né sarà vissuto come tale"*[298].

Le problematiche possono essere individuate su ambiti diversi: storici, teologici, biblici e soprattutto atropologico-pastorali[299]: *"l'attuale celebrazione del Triduo santo presenta problemi di non facile risoluzione, per via della eccessiva concentrazione di riti sorti in contesti diversi. Si tratta di un'anomalia «di struttura», per cui i disagi pastorali, dipendono in larga misura, dall'unico modello rituale solenne previsto per ogni comunità"*[300]. Per poter celebrare il Triduo nella sua verità più profonda è necessario compiere un lavoro di mediazione che permetta alle varie prospettive di vivere insieme e così intersecarsi e consegnare alla comunità celebrante una identità rinnovata e sempre più distinta.

Ricercare il valore dell'adorazione della Croce nel progetto celebrativo della Celebrazione della Passione del Signore ci costringe a ripercorrere l'essenza stessa di questa liturgia così particolare nel panorama del Triduo Pasquale e di tutto l'anno liturgico. Il venerdì santo celebra l'evento della Passione che ha come momento culminante la morte in Croce del Signore Gesù. Questa esperienza dal punto di vista teologico squarcia il mistero di Dio stesso, che si fa così prossimo all'uomo da accoglierne il peccato e farsene carico fino alla morte ignominiosa della Croce. Questo particolare della vicenda della vita del Signore è la chiave di comprensione dell'Incarnazione stessa che non è altro che l'anticipo della *Kenosi* che sulla Croce viene svelata come esperienza non distruttiva ma redentiva.

La Pasqua non è puro ricordo commosso degli eventi degli ultimi istanti di vita di Gesù di Nazareth, ma questo evento permette al credente di passare dalla morte alla vita e ciò accade proprio nella celebrazione annuale della Pasqua: *"una comunità... in Cristo celebra il proprio passaggio dalla morte, nella molteplicità delle sue manifestazioni, alla vita intesa*

[298]CAVAGNOLI, GIANNI, *La celebrazione pasquale nella rinnovata liturgia romana. Analisi e struttura rituale,* in CATELLA, ALCESTE - REMONDI, GIORDANO, (ed.) *Celebrare l'unità del Triduo pasquale. 1. Il Triduo oggi e il Prologo del Giovedì santo,* p. 94.

[299]CATELLA, ALCESTE - REMONDI, GIORDANO, (ed.) *Celebrare l'unità del Triduo pasquale. 1. Il Triduo oggi e il Prologo del Giovedì santo,* p. 9-20.

[300]CATELLA, ALCESTE - REMONDI, GIORDANO, (ed.) *Celebrare l'unità del Triduo pasquale. 1. Il Triduo oggi e il Prologo del Giovedì santo,* p. 10.

come progressivo inserimento nella realtà-Cristo. Con le conseguenze che derivano, sul piano della prassi"[301].

La nostra partecipazione all'evento cruento della Croce avviene generalmente in maniera sacramentale specialmente nell'esperienza della sua carne e del suo sangue, sacramento eucaristico: *"la stessa carne agente e sofferente per noi e a noi unita in maniera sacramentale... Culmine e fonte della salvezza è ora il sacramento del mistero eucaristico"*[302].

È necessario riscoprire la valenza del gesto di adorazione della Croce rispetto alla complessità, all'intensità della celebrazione della Passione del Signore: *"si tratta di un gesto integrale"*[303]. Adorare è un termine che indica il sottomettersi ad una divinità o ad un re: *"l'adorazione è costituita indissociabilmente da un movimento e da alcuni gesti, mentre le parole possono anche non seguire, anzi prevale il silenzio"*[304]. Questa esperienza genera distanza tra coloro che sono chiamati a viverla ed esprime la volontà di sottomissione alla volontà della persona con cui ci si relaziona. Ma adorare non è solo sottomissione è anche legame profondo. La parola adorare in latino indica un legame tale che necessita dell'esperienza del toccare così da legarsi all'altra persona in maniera fisica. Indica una dipendenza dall'altro che non è semplice atto esteriore ma è adesione interiore della propria essenza a colui che ci sta di fronte. Adorare indica quindi sia l'esperienza di chi è disarmato davanti all'altro che la possibilità di una relazione così profonda da non temere di essere in qualche modo posseduto da colui a cui va la nostra adorazione: *"sentirsi nulla di fronte all'altro ma anche accolti da lui, al punto che col bacio possiamo comunicare la dedizione affettuosa. Qui appunto l'unità profonda tra corpo e spirito tocca l'apice"*[305]. Quando questa esperienza entra nell'orizzonte del rito non possiamo dimenticare che abbiamo a che fare con l'esperienza più sacra che la vita umana conosca. Sappiamo bene che quando parliamo di rito diciamo un modo di agire assolutamente ordinato. L'*ordo* che determina l'azione rituale si intreccia con la vita creando continuità tra le due esperienze: *"una continuità maggiore di quella esistente tra vita ed economia della grazia sacramentale (o liturgia*

---

[301]CAVAGNOLI, GIANNI, *La celebrazione pasquale nella rinnovata liturgia romana. Analisi e struttura rituale*, p. 95.
[302]VAGAGGINI, CIPRIANO, *Caro salutis est cardo. Corporeità, Eucaristia e liturgia*, p. 129-130.
[303]REMONDI, GIORDANO, *Stare in adorazione*, in CATELLA, ALCESTE - REMONDI, GIORDANO, (ed.) *Celebrare l'unità del Triduo pasquale. 2. venerdì santo: la luce del Trafitto e il perdono del Messia,* Leumann (To), Elle Di Ci, 1995, p. 204.
[304]REMONDI, GIORDANO, *Stare in adorazione*, p. 204.
[305]REMONDI, GIORDANO, *Stare in adorazione*, p. 205.

sacramentale), per il semplice fatto che quest'ultima «catalizza» diversi aspetti dentro un assetto – Ordo – formato da spazi e tempi anche non celebrativi"[306].

L'adorazione verso la *"Croce/Crocefisso"*[307] risulta essere lo sfondo di tutta la celebrazione della Passione: *"tutta la celebrazione deve essere vissuta in clima adorante. Ogni aspetto della persona «si piega in ginocchio» di fronte all'evento del venerdì santo"*[308], essa non è solo uno degli elementi rituali ma è l'asse orbitale dell'*Ordo* di questa celebrazione. Ogni singolo gesto rituale, ogni testo biblico ed eucologico di questa celebrazione trova, nell'esperienza dell'adorare, il suo contesto interpretativo. Lo stretto legame originale che caratterizza la liturgia gerosolimitana (come Egeria e le fonti ad essa collegate ci mostrano), tra proclamazione della Passione e adorazione del legno della vera Croce, è il motivo per cui ancora oggi il gesto rituale dell'adorazione della Croce rimane il *climax* della Celebrazione della Passione del Signore, l'antifona che accompagna l'adorazione non solo esplicita il valore redentivo della Croce ma in qualche modo ci svela il motivo per cui l'assemblea si è riunita per celebrare questo momento: *"Adoriamo la tua Croce, Signore, lodiamo e glorifichiamo la tua santa risurrezione. Dal legno della Croce è venuta la gioia in tutto il mondo"*[309].

3.1.1 L'adorazione della Croce come liturgia anamnetico-mimetica

La tradizione della Chiesa madre di Gerusalemme, secondo quanto ci è stato tramandato dal Diario della pellegrina Egeria e da altre fonti, ci presenta una liturgia di tipo anamnetico-mimetica: *"a Gerusalemme tutte le omelie, letture erano appropriate al giorno e al luogo. Questa risposta, così naturale e umana, e non – come a lungo si è ritenuto – risultato di una riduttiva interpretazione storicizzante del culto cristiano, è stata integrata nella liturgia agiopolita come uno dei suoi elementi essenziali. La reciproca vicinanza dei luoghi santi ha reso possibili processioni da una chiesa (legata a uno specifico luogo oggetto di venerazione) a un'altra, e*

[306] REMONDI, GIORDANO, *Stare in adorazione*, p. 205.
[307] REMONDI, GIORDANO, *Stare in adorazione*, p. 206.
[308] REMONDI, GIORDANO, *Stare in adorazione*, p. 206-207.
[309] *MRI*, p. 153.

questo aspetto è diventato una parte integrante della liturgia stazionale della città"[310]. Questa forma liturgica ha ispirato la formazione della liturgia delle Chiese sia di oriente che di occidente e vive tutt'oggi nelle forme rituali della Chiesa contemporanea *"Gerusalemme era... centro d'irradiazione liturgica per tutto il mondo cristiano, specialmente con riferimento alla Settimana Santa e alla Pasqua"*[311].

La liturgia romana ha accolto e riveduto la forma stazionale della liturgia della Chiesa di Gerusalemme secondo le esigenze specifiche della propria forma rituale. Ha rinunciato alla marcata storicizzazione dell'esperienza gerosolimitana, che celebrava la propria liturgia nei luoghi storici della vicenda terrena del Cristo, ed in modo particolare quelli legati alla Passione, associandovi la proclamazione biblica corrispondente in favore di una celebrazione marcatamente sacramentale, affidando il memoriale del mistero salvifico *"alla proclamazione della Parola, al segno dell'assemblea radunata e all'azione eucaristica. La liturgia romana così rimane legata all'antica visione del mistero pasquale di Cristo come evento comprensivo di tutti gli eventi salvifici, di quelli che lo annunciavano e prefiguravano, come quelli della vita del Cristo, dall'incarnazione alla beata passione, alla gloriosa risurrezione e ascensione al cielo, alla Pentecoste sino alla manifestazione gloriosa alla fine dei tempi."*[312].

L'esperienza patristica attesta che i misteri celebrati nella liturgia sono ripresentazione dell'unico mistero di Cristo, un ripresentarsi che attraversa il tempo della Chiesa: *"essi comunicano la virtus dell'opera di Cristo commemorata e offrono i mezzi necessari (praesidia salutis) per realizzare nella vita quanto è stato celebrato nel sacramento"*[313].

Il rapporto tra mimesi e anamnesi è molto delicato e nella storia della liturgia si è spesso sbilanciato a favore di una o dell'altra esperienza. *"Nel Medioevo con la storicizzazione dei misteri della vita di Cristo, intesi come fatti a se stanti da contemplare e imitare, piuttosto che aspetti dell'unico mistero fonte di salvezza"*[314] ci si è spostati sul valore mimetico della liturgia che ha portato ad una frammentazione dell'esperienza liturgica, orientandola ad essere più un dramma che l'esperienza di tutta la salvezza operata da Cristo e celebrata

---

[310]GALADZA, DANIEL, *La Tradizione liturgica di Gerusalemme e la distruzione dei luoghi santi*, «Rivista liturgica», 100/2(2013), p. 396.
[311]GALADZA, DANIEL, *La Tradizione liturgica di Gerusalemme e la distruzione dei luoghi santi*, p. 398.
[312]SORCI, PIETRO, *Echi gerosolimitani nella liturgia della chiesa di Roma*, «Rivista liturgica», 100/2(2013), p. 392.
[313]SORCI, PIETRO, *Echi gerosolimitani nella liturgia della chiesa di Roma*, p. 393.
[314]SORCI, PIETRO, *Echi gerosolimitani nella liturgia della chiesa di Roma*, p. 394.

nella singola esperienza sacramentale. L'anno liturgico non si presenta solo sotto forma di esperienza puramente commemorativa, ma come ci ricorda l'Annuncio della data della Pasqua: *"nei ritmi e nelle vicende del tempo ricordiamo e viviamo i misteri della salvezza"*[315], il ricordo è in funzione della vita.

La simbiosi che si crea tra mimesi e anamnesi nei riti della Settimana Santa ci permette di conoscere la profondità della loro relazione e il modo con cui si intersecano nell'esperienza liturgica. Partendo dalla consapevolezza che il celebrare non ha come finalità principale quella di fare teatro, un primo dato eminente è che la mimesi è contenuta nell'anamnesi in un coinvolgimento dove tutti sono attori e nessuno è semplice spettatore. Nell'ordine simbolico tipico della liturgia dove l'esperienza che si attua è legata al memoriale, come compimento di un'alleanza, gli attori della celebrazione non mirano a un discorso di tipo esortativo ma occupano lo spazio celebrativo attraverso l'assunzione di atteggiamenti che permettono una distribuzione strutturata nell'ambito della celebrazione stessa.

La liturgia non è quindi la scena di un'opera teatrale che ha come obiettivo quello di ripercorrere la vicenda storica del Cristo, ma è un vero e proprio luogo liturgico costruito per permettere a chi vi partecipa di fare un'esperienza di senso. Questa relazione tra anamnesi e mimesi richiede un equilibrio tale da rispettarne la fragilità e l'esigenza di ripresa incessante, permettendo così alla comunità che celebra di poter sperimentare che nella storia della salvezza attualizzata nella liturgia c'è un posto per ogni singolo fedele che si accinge alla celebrazione.

Il rapporto tra anamnesi e mimesi può essere riletto alla luce della grande intuizione problematica posta da Romano Guardini all'indomani del concilio Vaticano II: *"la questione principale è questa: in che cosa consiste l'atto liturgico fondamentale?"*[316]. Questa problematica consiste nel concepire l'atto liturgico come luogo di possibilità del mistero pasquale nella modalità propria del rito. La liturgia come attualizzazione della storia della salvezza nell'oggi della Chiesa costringe a rivedere *"l'esperienza rituale"*[317] nella sua

[315]*MRI*, p. 1047.
[316]GUARDINI, ROMANO, *Lettera su «l'atto di culto» e il compito attuale della formazione liturgica*, «Humanitas», 20(1965), p. 87.
[317]GRILLO, ANDREA, *La nascita della liturgia nel XX secolo. Saggio sul rapporto tra movimento liturgico e (post-) modernità*, Assisi, Citadella Editrice, 2003, p. 132.

complessità e riconoscere che essa è realmente *"un'opera d'arte"*[318], intesa come: *"l'intelligenza dei sensi, la logica della sensazione, la produzione di forme simboliche"*[319], cioè la possibilità di accesso di tutte le generazioni al Mistero originario. Il problema si pone sulla difficoltà di tenere insieme mimesi e anamnesi, riducendo la mimesi a forma rituale tipica della pietà popolare, mentre si esalta il dato anamnetico come valore costitutivo dell'esperienza liturgica: *"va illustrata ai fedeli la profonda differenza che intercorre tra «rappresentazione», che è mimesi e «l'azione liturgica» che è anamnesi, presenza misterica dell'evento salvifico della passione"*[320].

L'esigenza di tenere assieme il valore unitario del mistero celebrato nei singoli misteri ha spinto la riflessione liturgica a spostare la tensione sul dato anamnetico, per evitare che le singole celebrazioni non siano interpretate solo *"come una riproduzione drammatica della vita terrena del Cristo"*[321]. La mimesi non tende a sminuire il valore unitario della celebrazione del mistero pasquale che in ogni singola celebrazione liturgica, ed in modo privilegiato nell'Eucaristia, viene attuato, ma salva lo specifico di ogni singola celebrazione permettendo alla comunità celebrante di assaporare sia l'unità del Mistero che il singolo evento della vita del Cristo commemorato: *"così ogni giorno celebriamo nella messa l'intero mistero di redenzione e ciononostante, nel molteplice risuonare della divina Parola, a Natale e all'Epifania diventa presente per noi l'incarnazione, a Pasqua la passione e la glorificazione del Signore"*[322].

Se è vero che l'esperienza liturgica della tradizione latina è debitrice più alla visione patristica, che vede i misteri della liturgia come rinnovazione e ripresentazione dell'unico mistero compiuto da Cristo capo e dal suo corpo che è la Chiesa nel tempo, è altrettanto vero che l'esigenza mimetica dell'esperienza liturgica si è riversata a piene mani nella pietà popolare e non ha mai abbandonato definitivamente l'esperienza rituale.

---

[318]GUARDINI, ROMANO, *Lo spirito della liturgia. I santi segni*, Brescia, Morcelliana, 2000^{8}, p. 80.
[319]TAGLIAFERRI, ROBERTO, *La «magia» del rito. Saggi sulla questione rituale e liturgica*, Padova, EMP – Abbazia di Santa Giustina, 2006 ("Caro salutis cardo". Studi/Testi, 17), p. 195.
[320]ESPOSITO, SALVATORE, *I tre giorni santi. Commento liturgico-pastorale*, Milano, Paoline, 2003, p. 57.
[321]SORCI, PIETRO, *Echi gerosolimitani nella liturgia della chiesa di Roma*, p. 394.
[322]CASEL, ODO, *Il mistero del culto cristiano*, Roma, Borla, 1965, p. 119.

Gli influssi della liturgia gerosolimitana su quella romana "*si possono ravvisare nella liturgia del Natale, nei riti della Settimana Santa, nelle feste della Trasfigurazione e dell'Esaltazione della Santa Croce e in quelle Mariane*"[323].

Abbiamo già osservato in precedenza, come la liturgia della Celebrazione della Passione del Signore della liturgia romana si presenti molto sobria rispetto a quella che ci consegna la tradizione agiopolita "*che copre l'intera giornata compresa la notte con stazioni nei vari luoghi della passione*"[324]. Inizialmente la liturgia papale è formata dalla proclamazione della Liturgia della Parola e dalle *Orationes sollemnes*, solo nel VII secolo viene introdotta la venerazione della reliquia della Santa Croce. Mentre nei *Tituli* la liturgia prevedeva l'esposizione della Croce, la liturgia della Parola, la liturgia dei Presantificati, l'adorazione della Croce e contestualmente la distribuzione dell'Eucaristia. Sarà grazie alla tendenza alla drammatizzazione dei paesi Franchi che nella liturgia romana si imporrà l'uso delle Chiese presbiterali.

3.1.2 Croce e assemblea celebrante: duplice tensione celebrativa

"*L'assemblea è un segno misterioso fatto non di cose, e neppure di azioni o di parole in quanto tali, ma, innanzi tutto, di persone umane. Queste persone sono numerose e diverse. Hanno fra di loro vari tipi di rapporti, e sono inoltre in relazione con altre persone che non fanno parte dell'assemblea*"[325]. Sempre il solito autore sottolinea come "*la riunione liturgica è profondamente originale. Essa è pervasa da tensioni e antinomie che sono inerenti al suo essere specifico*"[326]. Queste tensioni hanno un valore "*costitutivo*"[327] ed in un certo modo sono le forze che rendono l'azione liturgica dinamica e permettono all'assemblea di riscoprirsi essa stessa "*azione dinamica*"[328]. Nella liturgia la Chiesa "*si pone in atto*"[329] proprio come

---

[323]SORCI, PIETRO, *Echi gerosolimitani nella liturgia della chiesa di Roma*, p. 381.
[324]SORCI, PIETRO, *Echi gerosolimitani nella liturgia della chiesa di Roma*, p. 384.
[325]GALINEAU, JOSEPH, *Le caratteristiche dell'assemblea cristiana*, in AA.VV., *Nelle vostre assemblee. Teologia pastorale delle celebrazioni liturgiche*, vol. 1, Brescia, Queriniana, 1986[3], p. 67.
[326]GALINEAU, JOSEPH, *Le caratteristiche dell'assemblea cristiana*, p. 67.
[327]GALINEAU, JOSEPH, *Le caratteristiche dell'assemblea cristiana*, p. 67.
[328]CAVAGNOLI, GIANNI, *Introduzione*, in CAVAGNOLI, GIANNI (a cura di), *L'assemblea liturgica*, Padova, EMP – Abbazia di Santa Giustina, 2005 ("Caro salutis cardo". Contributi, 20), p. 6.
[329]DOSSETTI, GIUSEPPE, *Per una «chiesa eucaristica». Rilettura della portata dottrinale della Costituzione liturgica del Vaticano II*, Bologna, Il Mulino, (Temi e ricerche di scienze religiose. Nuova serie, 29) 2002, p. 47.

assemblea. Dall'essere convocata e riunita per la celebrazione liturgica l'assemblea riconosce il suo essere Chiesa e si apre al mondo in maniera "*visibile*"[330].

Il modo con cui la Chiesa si manifesta per quello che realmente è non si compie una volta per sempre, ma di celebrazione in celebrazione, quasi in un percorso ascetico/catartico che ne disvela il volto: "*riunendosi, la comunità si edifica per ciò stesso in chiesa. E come la chiesa così edificata è il corpo spirituale del Risuscitato, possiamo altrettanto dire che Cristo stesso è rappresentato dall'assemblea della comunità: laddove due o tre sono riuniti nel suo nome, egli è in mezzo a loro, in tal maniera che prende forma nella loro assemblea*"[331].

Il convenire in assemblea per celebrare la liturgia non è un dato di secondaria importanza e per comprenderlo in pienezza è necessario porre attenzione al problema della partecipazione integrale del soggetto celebrante all'azione liturgica, una partecipazione che si esprime non solo come atto personale, ma, sempre, come "*fedeli in assemblea liturgica che pregano e celebrano*"[332]. All'idea di *actio*, che è alla base dell'esperienza liturgica, è strettamente legata, a sua volta, la nozione di "*partecipazione*" alla liturgia: "*di particolare importanza per l'atto di culto è la partecipazione attiva della comunità. È il singolo fedele che compie l'atto, non come individuo isolato, ma come membro della comunità, in cui la chiesa è presente. Essa è il "noi" del testo delle preghiere. La sua struttura è diversa da ogni altra riunione di persone, che si incontrano per uno scopo comune. Essa è quella di un Corpus, di una totalità oggettiva. Nell'atto liturgico il singolo fedele si inserisce in essa e include il circumstantes nell'espressione di se stesso. Ciò non è cosa semplice, se deve essere autentica e onesta. Molti degli ostacoli che dividono gli uomini devono essere superati: antipatie, indifferenza verso molti, che "non ci interessano", ma in verità sono membri della stessa comunità, inerzia, apatia ecc. In questo atto l'individuo prende coscienza delle parole "assemblea comunitaria" e "chiesa"*"[333]. L'atto liturgico è sempre posto in relazione con il soggetto celebrante secondo la prospettiva guardiniana dell'opposizione polare: "*è nella natura del concreto il coesistere di strutture contrapposte. La realtà concreta del vivente comportamento espressivo non può che essere sempre al*

---

[330] *SC*, 42.

[331] CULLMANN, OSCAR, *La fede e il culto della chiesa primitiva*, Roma, AVE, (Teologia oggi, 23) 1974, p. 177.

[332] MAGGIANI, SILVANO, *Comunità e persona nelle celebrazioni di massa e nelle grandi assemblee liturgiche*, in CAVAGNOLI, GIANNI (a cura di), *L'assemblea liturgica*, Padova, EMP – Abbazia di Santa Giustina, 2005 ("Caro salutis cardo". Contributi, 20), p. 125.

[333] GUARDINI, ROMANO, *Lettera su «l'atto di culto» e il compito attuale della formazione liturgica*, p. 88.

tempo stesso oggettivo e soggettivo, servizio e dominio"[334]. La partecipazione consapevole alle dinamiche comunicative del celebrare deve tenere conto che *"la natura teandrica del celebrare cristiano dice fragilità di relazione, e dice cura per non sottovalutare né l'umano né il divino"*[335]. Questi sono gli elementi che pongono le basi per le condizioni di verità delle celebrazioni liturgiche. I riti e le preghiere hanno sempre *"la loro epifania nell'assemblea liturgico-cristiana"*[336], questo evita il rischio dell'auto celebrazione da parte dell'assemblea ma orienta sempre l'esperienza celebrativa verso il suo centro, che è il mistero pasquale del Signore Gesù Cristo. La Pasqua celebrata nella liturgia diventa accessibile a tutti i credenti attraverso i segni sacramentali, i quali *"non solo suppongono la fede, ma con le parole e gli elementi rituali la nutrono, la irrobustiscono e la esprimono"*[337]. L'assemblea convocata e riunita per la celebrazione è il primo luogo dove si rivela il Mistero di Cristo, è essa stessa in un certo modo riattualizzazione e concretizzazione della Pasqua e sua condizione di possibilità. Essa rende possibile la comunione con Cristo e con la sua Pasqua, fine ultimo di tutta l'esperienza cristiana. La celebrazione è quindi il momento nel quale si realizza la comunione piena e vera dei fratelli con il Signore.

Nell'esperienza della Celebrazione della Passione del Signore, questa unione è espressa in modo molto forte nel momento dell'Adorazione della Croce. La Chiesa radunata per celebrare la Pasqua-Passione sperimenta che nell'esperienza della Croce, solennemente mostrata, è racchiuso e trasfigurato il mistero della sua stessa esistenza. La mediazione sacramentale, in questa celebrazione, assume anche i connotati di una mediazione storica, data la singolarità dell'evento cristologico celebrato. Se l'azione sacramentale è alla base della mediazione della Chiesa come prolungamento nel mondo del Mistero dell'Incarnazione, è evidente che anche la Celebrazione della Passione del Signore soggiace a questa dinamica e l'evento della Passione non è altro che *"gesto ecclesiale di Gesù Cristo nei confronti dell'uomo"*[338]. Nella Celebrazione della Passione del Signore, se la liturgia è realmente l'esercizio del sacerdozio di Cristo come vertice della sua

---

[334] GUARDINI, ROMANO, *Lo spirito della liturgia. I santi segni*, p. 80.
[335] MAGGIANI, SILVANO, *Comunità e persona nelle celebrazioni di massa e nelle grandi assemblee liturgiche*, p. 131.
[336] MAGGIANI, SILVANO, *Comunità e persona nelle celebrazioni di massa e nelle grandi assemblee liturgiche*, p. 135.
[337] *Sc*, 59.
[338] SCOLA, ANGELO, *Chi è la Chiesa? Una chiave antropologica e sacramentale per l'ecclesiologia*, Brescia, Queriniana, (BTC, 130), 2007[2], p. 150.

azione santificatrice e del culto perfetto che in nome dell'intera umanità egli offre al Padre, al quale però egli associa la Chiesa sua sposa amatissima[339], si attua l'azione co-determinante dell'assemblea in cui l'evento cristologico della Passione viene mediato nel "*qui e ora*" del presente. La Celebratio Passionis Domini, come ogni altra liturgia, è luogo epifanico, autentico della Chiesa alla quale è concessa "*la possibilità di diventare cristiforme – quindi capace di corrispondere liberamente a Dio*"[340].

Questa opera di conformazione a Cristo crocifisso è resa evidente dal secondo momento rituale della Celebrazione della Passione del Signore: l'adorazione della Croce. Sappiamo come in questo gesto non sia racchiuso solo il "*mysterium crucis quale simbolo iconico, concreto e permanente del mysterium pietatis, Gesù Cristo*"[341], ma sia anche commemorazione della nascita della Chiesa cosicché: "*il ricupero mistagogico, sapienza cosciente del mistero, della dimensione ecclesiologica del «mysterium crucis» allarga il senso e la prospettiva e dell'ostensione della croce e dell'adorazione rituale*"[342]. La doppia tensione che si viene a creare vede la Croce e l'assemblea in una reciproca donazione "*il rito non è soltanto azione verso la Croce: adorazione e glorificazione; ma anche movimento della Croce verso l'assemblea celebrante. Più precisamente: il soggetto integrale dell'azione liturgica, l'ecclesia, agisce nei confronti della Croce, e, ispirandosi al simbolo iconico, si dona la Croce, la riconsidera «riconsegnandosela»*"[343].

Il dramma della Celebrazione della Passione del Signore è quindi mosso tra due tensioni dinamiche, da una parte il mistero della Croce nella sua più profonda verità, dall'altro la Chiesa radunata per celebrarne il mistero e farlo proprio. Un appropriarsi tanto profondo del mistero da percepirlo come il momento fondativo dello stesso essere Chiesa: "*la grazia invisibile di Dio non solo diviene visibile ed afferrabile nella forma di Cristo, ma questa si presenta a sua volta davanti a noi in una forma valida, sovranamente sottratta ad ogni oscillazione soggettiva e si imprime in noi suscitando la nostra conformazione a lui*"[344]. L'assemblea, nel rito dell'Adorazione della Croce, riscopre come la verità della propria

---

[339] *SC*, 7.
[340] SCOLA, ANGELO, *Chi è la Chiesa? Una chiave antropologica e sacramentale per l'ecclesiologia*, p. 152.
[341] MAGGIANI, SILVANO, *«Ecce Lignum Crucis»: la Croce gloriosa*, p. 148.
[342] MAGGIANI, SILVANO, *«Ecce Lignum Crucis»: la Croce gloriosa*, p. 149.
[343] MAGGIANI, SILVANO, *«Ecce Lignum Crucis»: la Croce gloriosa*, p. 149.
[344] BALTHASAR, HANS URS, *Gloria. La percezione della forma*, I, Milano, Jaca Book, 2012², p. 547.

identità sia manifestata simbolicamente nella stessa Croce quale forma "*simbolico-sensibile*"[345] di Cristo stesso. È da questa esperienza che la Chiesa assume la consapevolezza che "*in questo giorno in cui «Cristo nostra pasqua è stato immolato»... con la meditazione della passione del suo Signore e sposo e con l'adorazione della croce commemora la sua origine dal fianco di Cristo, che riposa sulla croce, e intercede per la salvezza di tutto il mondo*"[346]. Questa commemorazione ha un valore non solo in ordine al ricordo ma al memoriale, permettendo così all'assemblea di non separarsi da quella forma simbolico-orginale che è la Croce di Cristo.

Nella dinamica rituale che si instaura nella Celebrazione della Passione del Signore, che muove dalla Croce all'assemblea e dall'assemblea alla Croce, la Chiesa sperimenta la ricapitolazione della salvezza in senso cronologico come memoria attualizzante dell'opera del Cristo crocifisso, anticipazione del suo ritorno, ma anche come glorificazione del presente e anticipazione del mondo che deve venire. Nel mistero della liturgia della Passione, per la mediazione del gesto quasi-sacramentale dell'Adorazione della Croce, l'evento di Cristo e la storia dell'uomo si compenetrano e si compongono in unità: "*gesto ecclesiale di Gesù Cristo all'uomo*"[347].

La celebrazione della Passione è quindi un'azione rituale che porta in sé una duplice tensione "*da e verso la Croce*"[348]. L'assemblea fa, dunque, l'esperienza di essere pienamente partecipe dell'atto redentivo, di esserne oggetto e al contempo di diventarne soggetto in una piena e reale compartecipazione redentiva: "*completo nella mia carne quello che manca ai patimenti di Cristo, a favore del suo corpo che è la Chiesa*" (Col 1,24). Proprio perché Chiesa l'assemblea può fare questa straordinaria esperienza che non la inchioda alla sofferenza che viene dal mondo, ma la introduce pienamente nella stessa dinamica storico-salvifica che contraddistingue la vita di coloro che hanno incontrato la grazia di Cristo.

---

[345]BALTHASAR, HANS URS, *Gloria. La percezione della forma*, p. 548.

[346]SACRA CONGREGATIO RITUUM, Lett. Circ. "*Pascalis Sollemnitatis*", n° 58.

[347]BALTHASAR, HANS URS, *Gloria. La percezione della forma*, p. 544.

[348]CATELLA, ALCESTE, MAGGIANI, SILVANO, REMONDI, GIORDANO, *«Ecce lignum Crucis...». Prospettive dischiuse da un articolo*, in CATELLA, ALCESTE - REMONDI, GIORDANO, (ed.) *Celebrare l'unità del Triduo pasquale. 2. venerdì santo: la luce del Trafitto e il perdono del Messia*, Leumann (To), Elle Di Ci, 1995, p. 145.

3.2 Celebrazione della Passione del Signore e anamnesi eucaristica: storia e prospettive

"Non è facile ricostruire storicamente il motivo per cui nel 1955 è stato inserito il rito della comunione nella celebrazione pomeridiana In Passione Domini. Non sono espliciti gli argomenti adottati per questa «innovazione», se non appunto quelli devozionali. Da alcuni anni si sono affacciate alcune proposte di abolizione, che ruotano attorno al «ridare l'attesa» del giorno della risurrezione, allorquando la comunione al corpo/dato e al sangue/versato costituisce il pegno della vita eterna"[349]. La prospettiva qui delineata apre alle molteplici problematiche di tipo rituale e pastorale connesse a questo momento rituale inserito nella Celebrazione della Passione del Signore, soprattutto in ordine al Triduo Pasquale stesso e alla *"regia"* celebrativa che ne consegue.

La recente riflessione liturgica sulla Celebrazione della Passione del Signore individua due motivazioni per cui il rito della comunione della Celebrazione della Passione del Signore deve essere omesso dalla celebrazione stessa: *"la prima, liturgico-spirituale è interna al ritmo stesso della celebrazione In Passione Domini; la seconda biblico-teologica, scaturisce dalla rivelazione dell'evento/mistero della croce, distinta dall'economia sacramentale"*[350].

La celebrazione così come ci viene consegnata dalla storia è stretta tra due momenti, la proclamazione della Passione secondo Giovanni (con l'aggiunta della solenne Orazione Universale come risposta orante a ciò che è stato appena proclamato) e *"l'ostensione/adorazione del Crocifisso."*[351]. L'ostensione /adorazione della Croce *"poggia su un linguaggio mimetico ad annuncio diretto"*[352] cosa che generalmente non accade nella liturgia che *"celebra il segno mediato: la memoria sacramentale, espressa dalla mensa eucaristica"*[353]. Il Messale Romano, nella *Celebratio Passionis Domini*, ci consegna anche l'annuncio indiretto, *"il segno mediato"*, cioè la comunione eucaristica con il pane consacrato nella messa in *Coena Domini*.

---

[349]REMONDI, GIORDANO, *Stare in adorazione*, p. 203.
[350]REMONDI, GIORDANO, *Stare in adorazione*, p. 203-204.
[351]BARGELLINI, EMANUELE, *Venerdì santo a Camaldoli. Un'esperienza, una possibilità*, p. 195.
[352]BARGELLINI, EMANUELE, *Venerdì santo a Camaldoli. Un'esperienza, una possibilità*, p. 195.
[353]BARGELLINI, EMANUELE, *Venerdì santo a Camaldoli. Un'esperienza, una possibilità*, p. 195.

Abbiamo già evidenziato come la partecipazione alla comunione eucaristica in questo giorno sia un dato controverso. Le fonti più antiche non attestano la presenza di questo rito, la prassi gerosolimitana non lo previde mai. Lo troviamo, invece, nella tradizione bizantina sotto il nome di "*Messa dei presantificati: un rito congiunto alla normale celebrazione vespertina quaresimale*"[354] che però sparisce a cavallo tra il XII e XIII secolo.

A Roma questo rito è presente in un modo del tutto particolare come ci attestano il sacramentario *Gelasianum Vetus* e *l'Ordo XXIII*[355]. Da una parte il *Gelasianum Vetus* attesta che, mentre la celebrazione si sta concludendo, i diaconi portano all'altare "*Corpus et Sanguis Domini quod ante die remansit*"[356] e dopo aver pregato il *Pater* e il *Libera*[357], il clero e il popolo prima adorano la Croce e poi si comunicano alle specie eucaristiche. L'*Ordo Romanus XXIII*, a sua volta, attesta che nella celebrazione presieduta dal Papa non vi è distribuzione della comunione e coloro che desiderano comunicarsi possono recarsi ad una delle celebrazione dei *Tituli* della città. Anche questa duplice prassi (il rito dei *Tituli* con la comunione e il rito papale privo della comunione), come la Messa dei presantificati, perdurerà fino al XII-XIII secolo, finché la comunione diventerà prerogativa del solo Pontefice e poi, per imitazione, del solo sacerdote celebrante. Questo dato rituale verrà accolto nella riforma tridentina e rimarrà invariato fino alla riforma piana del 1955.

E' opportuno notare che la pietà eucaristica a partire dal XIII secolo si è sviluppata in forza sempre maggiore, influenzando così anche l'esperienza liturgica, basti pensare alla forma di adorazione del Giovedì Santo con la tradizionale visita al così detto "*sepolcro*". D'altra parte, il problema della comunione nel venerdì santo si lega alla necessità di consumare le sacre specie conservate il Giovedì Santo. L'elemento di maggiore problematicità va, però, individuato nella forma che la comunione eucaristica ha preso nella liturgia del venerdì santo, in quanto questo rito ha assunto le sembianze di una vera e propria Messa, rischiando, così, di confondere i fedeli, spingendo con forza sulla devozione nei confronti del Santissimo Sacramento e distogliendo l'attenzione dall'evento,

---

[354]CATELLA, ALCESTE, *La celebrazione del venerdì santo. Riflessioni dalla storia*, p. 35.
[355]CATELLA, ALCESTE, *La celebrazione del venerdì santo. Riflessioni dalla storia*, p. 36.
[356]CATELLA, ALCESTE, *La celebrazione del venerdì santo. Riflessioni dalla storia*, p. 36.
[357]CATELLA, ALCESTE, *La celebrazione del venerdì santo. Riflessioni dalla storia*, p. 36.

storico, della Croce messo in evidenza sia dalla narrazione evangelica che dal rito di ostensione e adorazione della stessa.

La riforma di Pio XII non ha preso posizione riguardo al rito che stiamo esaminando, ha solo ritenuto opportuno liberarlo da quella stratificazione di elementi rituali che lo ha portato ad essere paragonabile ad una messa e ha preferito lasciare che la scelta fosse fatta sulla base della devozione eucaristica piuttosto che sulla *"verità"* dell'esperienza rituale. È mancato un lavoro di sintesi che permettesse di ricomporre a livello tradizionale il dato celebrativo, tenendo conto delle esigenze pastorali e biblico-teologiche che la riflessione liturgica ha messo in campo negli ultimi due secoli. Inoltre è da tenere in conto che la centralità della Passione ben si sposerebbe con l'assenza della distribuzione della comunione eucaristica nella *Celebratio Passionis Domini*, ad avvalorare questa prassi c'è la profonda consapevolezza che nella Celebrazione della Passione del Signore la comunione a cui si partecipa avviene con il Pane consacrato la sera precedente nella messa in *Coena Domini*. Questo dato non solo richiama al digiuno eucaristico specifico di questo giorno, ma mette in evidenza l'unità del Triduo Pasquale, che nel suo programma rituale ripercorre in maniera mimetica l'evento storico così come ci viene consegnato dalla narrazione dei Vangeli.

Dal punto di vista biblico-teologico l'evento della Croce, celebrato nella *Celebratio Passionis Domini*, fa emergere come la dinamica *"contemplazione/partecipazione"*[358] non sia orientata alla mensa Eucaristica ma che la verità dell'evento storico, proclamata nella lettura del Vangelo e resa visibile nell'ostensione della Croce, sia l'autentico vertice celebrativo di questo giorno. L'evento della Croce spinge alla comunione, *"koinonia"*, tra Dio e gli uomini e tra gli uomini stessi, creando: *"una sorta di vitale circolo ermeneutico, in cui l'uno precede (fondandolo o esprimendolo) l'altro, l'aspetto antropologico-esistenziale (o etico) e quello ecclesiologico"*[359].

La *Celebratio Passionis Domini* si viene a costituire come spazio rituale, nel quale la Chiesa sperimenta di essere il luogo della presenza salvifica di Dio, una presenza non

[358] CODA, PIERO, *Ecce Homo-Ecce Deus. La verità-grazia dell'evento pasquale secondo il vangelo di Giovanni*, in CATELLA, ALCESTE - REMONDI, GIORDANO, (ed.) *Celebrare l'unità del Triduo pasquale. 2. venerdì santo: la luce del Trafitto e il perdono del Messia*, Leumann (To), Elle Di Ci, 1995, p. 139.
[359] CODA, PIERO, *Ecce Homo-Ecce Deus. La verità-grazia dell'evento pasquale secondo il vangelo di Giovanni*, p. 134.

astratta, ma reale, resa visibile nella Croce e nel Crocifisso che permette al cristiano di contemplare e partecipare alla Pasqua del Signore. Potremmo dire che nella celebrazione della Passione non è tanto l'oggettivo della carne e del sangue del Signore ad essere il punto di mediazione dell'esperienza "*sacramentale*", ma è piuttosto il soggettivo, l'incontro con il Signore che avviene nella Parola e nell'immagine della Croce a rendere reale l'incontro. La condizione di possibilità, come per ogni azione rituale, è lo Spirito che permette il "*trapasso dell'oggettività nella soggettività*"[360]. Il Crocifisso è il punto di attrazione al quale il credente tende: "*volgeranno lo sguardo a colui che hanno trafitto*" (Gv 19,37) e attraverso l'incrocio dei molteplici sguardi, che si intrecciano in un'unica direzione, nasce la consapevolezza di essere un unico corpo: la Chiesa di Cristo. La Chiesa, nella Celebrazione della Passione del Signore, si attualizza non tanto nella partecipazione al sacramento eucaristico, quanto nell'incontro con la vicenda storica del Crocifisso.

L'unità del mistero pasquale e quindi del Triduo Pasquale stesso "*si esprime in tre cerchi concentrici (il secondo e il terzo relativamente interscambiabili di posizione):*

- Pasqua del Signore Crocifisso e Risorto (l'evento storico e unico);

- Pasqua del singolo credente (la vita nuova nello Spirito: etica e sacramenti);

- Pasqua della Chiesa-comunità (il mistero celebrato nell'Eucaristia domenicale)"[361]. Questa unità non può, però, tralasciare la necessità di rispettare l'equilibrio di ciascun giorno del Triduo e degli elementi specifici che costituiscono ogni singola celebrazione, affinché possa emergere con chiarezza la verità della grazia che è consegnata al credente "*nella carne crocifissa e trasfigurata del Signore alla e per mezzo della comunità credente*"[362].

La prospettiva che emerge dal dato rituale della *Celebratio Passionis Domini* e dalla sua collocazione all'interno dell'economia del Triduo dovrebbe tenere conto sia dell'elemento anamnetico sia della corrispondenza cronologica e della mimesi che ne deriva.

Anche la presenza della comunione eucaristica potrebbe essere ripensata alla luce di altre esperienze rituali, come ad esempio quella ambrosiana che celebra il mistero

---

[360]CODA, PIERO, *Ecce Homo-Ecce Deus. La verità-grazia dell'evento pasquale secondo il vangelo di Giovanni*, p. 135.

[361]CATELLA, ALCESTE - REMONDI, GIORDANO, *Per una riforma del Triduo Pasquale. Introduzione*, in CATELLA, ALCESTE - REMONDI, GIORDANO, (ed.) *Celebrare l'unità del Triduo pasquale. 1. Il Triduo oggi e il Prologo del Giovedì santo*, Leumann (To), Elle Di Ci, 1994, p. 11.

[362]CODA, PIERO, *Ecce Homo-Ecce Deus. La verità-grazia dell'evento pasquale secondo il vangelo di Giovanni*, p. 139.

pasquale da un'angolatura del tutto particolare, essa, la Chiesa, è la sposa che segue il suo Signore passo passo nella sofferenza e con una fiducia obbediente osserva l'opera che si sta compiendo in Lui. È in questa prospettiva sponsale, che viene vissuta anche l'assenza della comunione sacramentale. Sottolineando fortemente il tempo dell'assenza dello Sposo, un'attesa che si compirà nella Notte santa durante la solenne Veglia Pasquale[363].

3.3 La Croce gloriosa del venerdì santo: anticipo di Risurrezione

La polemica post-conciliare sul valore della Risurrezione di Cristo come anticipo della risurrezione del cristiano, rispetto al valore soteriologico attribuito al Crocifisso nella teologia e nella devozione del passato, non hanno chiuso le porte alla ricerca sul mistero della Croce, sia in ambito cattolico che in quello protestante "*tanto che si può parlare di un orientamento ecumenico della teologia verso la croce*"[364]. Ciò evidenzia come i due momenti della Pasqua del Signore (passione e risurrezione) sono interdipendenti e che la loro scissione, sia dal punto di vista della riflessione che dalla prassi, metterebbe a dura prova il valore soteriologico della Pasqua stessa.

La teologia della Croce pervade la vita della comunità cristiana fin dai suoi primi passi, anche i primi discepoli "*non potevano non porsi il problema, perché fosse stato necessario che Cristo sopportasse la croce per entrare nella sua gloria (Lc 24,26)*"[365]. La riflessione dei secoli successivi non tematizza in maniera "sistematica" la teologia della Croce, pur continuando ad annunciare il suo valore salvifico, essa si cristallizza come uno sfondo sul quale ogni riflessione e devozione si muove, ma che è "*più contemplato che discusso*"[366]. La *theologia Crucis* pervade tutta la storia della salvezza ed è la trama che orienta la professione della fede del credente di tutti i tempi.

Prendendo le mosse dalla narrazione della caduta dell'umanità nella rete del peccato ci si rende conto come questa esperienza originale sia il preludio che orienta e dà senso all'esperienza della redenzione. Contestualmente la Croce è comprensibile solo nella

---

[363] ALZATI, CESARE, *Il Triduo pasquale nei nuovi libri liturgici della chiesa ambrosiana*, «Rivista liturgica», 76 (1979), p. 61-89.
[364] FLICK, MAURIZIO - ALSZEGHY, ZOLTAN, *Il mistero della Croce*, Brescia, Queriniana, (BTC, 3), 1978, p. 15.
[365] FLICK, MAURIZIO - ALSZEGHY, ZOLTAN, *Il mistero della Croce*, p. 16.
[366] FLICK, MAURIZIO - ALSZEGHY, ZOLTAN, *Il mistero della Croce*, p. 16.

logica dell'auto-rivelazione di Dio che completa e compie il mistero della creazione del mondo: "*infatti, essendo Cristo crocifisso il centro e il culmine dell'universo, la teologia della croce, secondo la fede cattolica, è l'aspetto più importante, il cuore della teologia della gloria*"[367]. La teologia della Croce non solo è un'esperienza che ha caratterizzato la vita del Cristo, ma è un avvenimento che apre all'umanità la possibilità di una vita nuova.

La consapevolezza del trionfo di Dio sul peccato e sulla morte, "*eseguito e compiuto dalla croce di Cristo*"[368], è uno degli elementi fondamentali che caratterizza la riflessione teologica di tutti i tempi. La lotta contro il male, e contro colui che del male è l'origine, il demonio, è il filo rosso che guida tutta la Storia della Salvezza e che trova nell'evento della Croce il suo punto culminante. Dio manifesta nella Croce la grandezza della sua potenza e della vittoria contro le potenze del male. Assieme a quello del trionfo sul male, uno dei temi che la tradizione liturgica ci consegna, è quello del recupero della grazia iniziale che l'uomo aveva nel Paradiso: "*Qui per ligni gustum a florigera sede discesseramus, per crucis lignum ad paradisi gaudia redeamus*"[369]. La distruzione del peccato e la restituzione del paradiso coincidono con il recupero della vita eterna, condizione iniziale dei progenitori. San Paolo, nella lettera agli Efesini, indica nel termine ricapitolazione la centralità dell'opera salvifica attuata da Cristo nella sua passione e morte, così che la sua incarnazione, la sua opera terrena sono ordinate e comprese alla luce della Croce. Dio recupera ciò che, nella caduta dell'uomo nelle maglie del peccato, era perduto per sempre: "*nell'albero della croce, Dio ha aperto la via della salvezza, rendendo accessibile il nuovo paradiso, chiuso a causa del peccato di Adamo*"[370], così le ferite che il peccato ha inflitto all'umanità sono risanate grazie all'azione redentrice del Crocifisso: "*la redenzione irrompe nella nostra esistenza, come una liberazione gratuita, dalle strutture che ci tengono prigionieri, e come conversione operata da Dio, dal male che abbiamo liberamente scelto*"[371].

---

[367]FLICK, MAURIZIO - ALSZEGHY, ZOLTAN, *Il mistero della Croce*, p. 17.

[368]KIM, KI-TAE, *Fulget Crucis Mysterium: I due inni di Venanzio Fortunato in onore della S. Croce: Studio storico, liturgico e teologico*, p. 303.

[369]DESHUSSES, JEAN, *Le sacramentaire Grégorien. Ses principales formes d'apres les plus anciens manuscrits*, Friburgo, Editions Universitaires, (Spicilegium Friburgense 16), 1971, p. 530.

[370]KIM, KI-TAE, *Fulget Crucis Mysterium: I due inni di Venanzio Fortunato in onore della S. Croce: Studio storico, liturgico e teologico*, p. 307-308.

[371]FLICK, MAURIZIO - ALSZEGHY, ZOLTAN, *Il mistero della Croce*, p. 422.

La Croce che noi adoriamo nella Celebrazione della Passione del Signore non è semplicemente un oggetto che ci ricorda il valore della vera Croce e tanto meno può essere interpretata come amuleto che ci ottiene ciò che rappresenta, essa indica "*la reale presenza di Cristo nella nostra vita*"[372] per mezzo della quale "*la nostra vita è cambiata*"[373]. La redenzione attuata dalla Pasqua del Cristo Signore è attuata nella dinamica celebrativa dal gesto di ostensione/adorazione, che permette ai fedeli di essere inseriti in Cristo mediante la fede e quindi aperti e orientati alla salvezza escatologica in cui l'"*unione con Cristo glorioso diventa non solo pienamente operante, ma anche empiricamente manifesta*"[374]. La Croce della *Celebratio Passionis Domini* ci ammette a partecipare della condizione di risorti perché in essa si attualizza e manifesta la risurrezione di Cristo in quanto essa è possibile proprio a partire dall'esperienza della morte: "*l'accettazione della morte come principio della nostra vita, consiste non solo nel porre tutta la nostra fiducia nella croce di Gesù, ma anche nel conformarci all'esistenza crocifissa di Gesù, come partecipazione alla sua ubbidienza al Padre fino alla morte di croce, e come partecipazione ad una vita che è destinata a svilupparsi per la morte*"[375]. È l'intero mistero pasquale che si costituisce come unico evento salvifico che si esprime come "*una continuità interna di un unico divenire*"[376], la Pasqua come evento complessivo del Cristo è la stessa possibilità di rinascita dell'uomo ferito dal peccato "*tanto che si può parlare di una identica struttura teandrica impressa e riprodotta nell'umanità*"[377].

L'opera salvifica di Dio non si limita alla singolarità del solo uomo, ma è comprensibile e attualizzata nella dinamica ecclesiale, in quanto il valore soteriologico della Croce si realizza in seno ad una comunità che ha come fine la comunione con Dio e tra i suoi membri. La Chiesa come sacramento di salvezza ci introduce a considerare come il credente si pone di fronte alla Croce sia come singolo credente sia come membro del tessuto ecclesiale. L'amore che Dio ha per il mondo è realizzato nell'auto-donazione senza riserve del Cristo sulla Croce, comunica alla Chiesa l'esistenza Filiale rispetto al Padre e la comunione fraterna rispetto al resto degli uomini. La Croce funziona come sacramento

[372]FLICK, MAURIZIO - ALSZEGHY, ZOLTAN, *Il mistero della Croce*, p. 422.
[373]FLICK, MAURIZIO - ALSZEGHY, ZOLTAN, *Il mistero della Croce*, p. 422.
[374]FLICK, MAURIZIO - ALSZEGHY, ZOLTAN, *Il mistero della Croce*, p. 422.
[375]FLICK, MAURIZIO - ALSZEGHY, ZOLTAN, *Il mistero della Croce*, p. 423.
[376]FLICK, MAURIZIO - ALSZEGHY, ZOLTAN, *Il mistero della Croce*, p. 328.
[377]FLICK, MAURIZIO - ALSZEGHY, ZOLTAN, *Il mistero della Croce*, p. 328.

primordiale in cui viene manifestata e procurata la grazia cioè il cambiamento dell'uomo e delle sue relazioni, incentrandole sulla logica stessa della Croce: l'amore oblativo che diventa occasione di vita vera.

È in questa logica che anche le piccole croci dei discepoli del Crocifisso diventano *"sacramenti"* in quanto realizzano nella storia e nel tessuto sociale in cui vivono la forza della Croce del Maestro. Così emerge con forza come la Croce non sia un elemento a se stante e anche irrazionale, ma piuttosto sia tappa complementare e obbligatoria della risurrezione: *"in tutta l'opera della salvezza si osserva la dialettica della vita acquistata per la morte"*[378]. Nella Croce gloriosa della Celebrazione della Passione del Signore solennemente rivelata all'adorazione dei fedeli si manifesta pienamente l'unità del mistero pasquale e ne risulta che la Risurrezione è *"la fase suprema del processo, attraverso cui nella morte e nella risurrezione si costruisce la pienezza di Cristo redentore, accettata dal Padre quale principio di vita per l'umanità"*[379].

3.3.1 *"Dal Legno della Croce è venuta la gioia di tutto il mondo"*: adorare la Croce per prendere atto del progetto redentivo di Dio

Il motto certosino *"stat Crux dum volvitur orbis"* attesta come la Croce di Cristo sia, da sempre, compresa come chiave ermeneutica del mondo e delle realtà che lo costituiscono, ne consegue che anche la realtà umana e la storia che la riguarda debba essere interpretata a partire dal mistero pasquale del Crocifisso Risorto. La vita dell'uomo e della Chiesa devono assumere una forma staurocentrica, in quanto il centro salvifico dei peccati dell'uomo è compiuto dalla Croce di Cristo. La Croce rivela la verità stessa di Dio: *"il Crocifisso è l'icona vivente dell'invisibile Dio, colui che meglio ne manifesta il mistero infinito e insondabile"* [380] ed è la realtà che libera, salva e conduce l'uomo alla scelta della fede. Ne deriva un'umanità autentica che realizza il proprio compito di creatura aderendo al progetto sapienziale e redentivo della Croce. La redenzione è un'opera che non nasce dall'uomo ma arriva ad esso in una mediazione che si manifesta nell'azione sacramentale

---

[378]FLICK, MAURIZIO - ALSZEGHY, ZOLTAN, *Il mistero della Croce*, p. 438.
[379]FLICK, MAURIZIO - ALSZEGHY, ZOLTAN, *Il mistero della Croce*, p. 439.
[380]BUIONI, MAURIZIO, *Teologia della Croce*, Napoli, Chirico, "Caritas Christi", 2011, p. 33.

della Chiesa. Per accettare questa mediazione è necessario entrare in una prospettiva escatologica. La percezione del proprio peccato è tale solo nel rapporto con Dio e nella consapevolezza della vita eterna. La salvezza che viene da Dio può essere compresa e indagata dall'uomo attraverso la "*categoria della donazione*"[381]. L'Adorazione della Croce della *Celebratio Passionis Domini* rende plastica questa categoria interpretativa, permettendo al credente di percepire la presenza del Redentore come presenza oblativa, in cui l'uomo si riscopre libero, redento e figlio amato: "*non è azzardato vedere nel memoriale della croce lo statuto epistemologico dell'autorivelazione di Dio, che pone a fondamento della teologia la lieta notizia per antonomasia, poiché esso esprime con chiarezza quanto Egli narra di sé all'uomo nel gesto oblativo e rivelativo dell'alterità del suo amore trinitario*"[382]. La Croce rivela come l'economia della salvezza operata da Cristo sia teandrica, cioè Dio che si rivolge all'uomo nella sua concretezza storico-personale. Il mistero divino viene reso intellegibile attraverso "*la condizione di servo*" (Fil 2, 7) realizzata dal Cristo nella vicenda terrena ed in modo specifico negli istanti della Passione. L'assunzione della carne umana da parte del Verbo è in funzione della Croce così da introdurre l'uomo in quel "*misterioso scambio*"[383] per cui la vita divina viene donata alla creatura. In questa compartecipazione alla vita divina l'umanità è portata dalla forza redentrice del Cristo al pieno sviluppo dell'esistenza umana "*che consiste appunto nell'essere strumento dell'opera creatrice*"[384]. La Croce non è solo rivelazione della salvezza, ma è anche indice della modalità della salvezza: ciò che è divino si è congiunto a ciò che è umano e per mezzo di questa unione l'evento della Passione diviene esperienza salvifica.

L'innestarsi dell'evento simbolico-celebrativo sull'evento storico-salvifico è il ritmo che soggiace ad ogni azione liturgica ed in modo speciale alla Celebrazione della Passione del Signore, cercando di realizzare nella comunità celebrante la conformazione a Cristo Crocifisso. La salvezza redentiva è comunicata alla comunità in un ordine di partecipazione. La Salvezza entra nel mondo non in ordine a una legge arbitraria di Dio ma in una dinamica partecipativa. Così come avviene nell'Eucaristia anche

---

[381]BUIONI, MAURIZIO, *Teologia della Croce*, p. 27.
[382]BUIONI, MAURIZIO, *Teologia della Croce*, p. 28.
[383]*MRI*, 318
[384]FLICK, MAURIZIO - ALSZEGHY, ZOLTAN, *Il mistero della Croce*, p. 327.

nell'Adorazione della Croce ogni membro della Chiesa viene conformato al Crocifisso così da diventare partecipe della sua vita, abilitando, così, il fedele alla testimonianza personale e comunitaria della salvezza. La relazione con Dio è un'esperienza tanto intensa da produrre un cambiamento esistenziale e chi entra in questa relazione si appropria delle stesse prerogative universali di Dio. Questa esperienza di comunione trova nella gioia la sua espressione perfetta (1 Gv 1,4). La comunione affettiva vissuta con il Signore e con chi si professa suo amico passa attraverso la Croce intesa come esperienza di purificazione e di conformazione: ogni amore è purificato dalla passione.

Dalla Croce passa la professione di fede della Chiesa. Nella Croce essa trova il motivo per continuare la sua missione nella storia. La conformazione staurologica della Chiesa, e conseguentemente di ogni singolo credente, è passo obbligato affinché l'azione educativa che ne consegue porti realmente alla salvezza. Nella luce che nasce dalla Croce l'umanità si muove alla ricerca del significato e del fine della storia, con la certezza di poterli trovare. Questa stessa luce permette al credente un'azione attiva e se necessaria martiriale nella vicenda umana. La Croce diviene così un "*principio di vita*"[385] che trasforma la vita divenendo paradigma di vera umanità. La Croce assunta come paradigma esistenziale diviene energia vitale che dilata gli orizzonti della speranza. La Croce diviene, quindi, modello di ispirazione e strumento di critica. La centralità della Croce nella vita cristiana genera una fede estremamente dialettica che permette di scoprire la volontà di Dio stesso che sulla Croce si rivela come Amore.

La Croce è il punto di convergenza della speranza e della grazia cristiana. Essa non solo ci richiama a un progetto redentivo finale ma già da ora *performa* la vita del credente proponendosi come progetto di vita, il suo valore è universale tanto che essa può essere assunta come "*il simbolo e la sintesi della Redenzione*"[386]. Ciò che emerge fortemente dalla Celebrazione della Passione del Signore è l'orientamento a Dio: "*volgeranno lo sguardo a colui che hanno trafitto*" (Gv 19,37). La partecipazione al Mistero della Passione introduce il credente nel centro stesso della volontà di Dio così da dare alla categoria di discepolato

---

[385]MASCIARIELLI, MICHELE GIULIO, *La Croce pasquale. Un albero senza radici che porta frutti*, Cinisello Balsamo, San Paolo, 2007, p. 77.
[386]LEONI, BRUNO, *La Croce e il suo segno. Venerazione del segno e culto della reliquia nell'antichità cristiana*, Verona, Editrice – SAT, 1968, p. 33.

l'orizzonte ultimo di comprensione e di possibilità. Dalla contemplazione della Croce si evince in maniera paradossale come l'abbandono fiducioso a Dio ne riveli anche il volto paterno "*ci sono degli avvenimenti, dei fatti che lo rivelano, che sono suoi: e rivelandolo, rivelano chi Egli sia per noi e chi noi siamo per Lui*"[387].

Nel paradosso della Croce il credente incontra lo stile stesso di Dio: portare l'impossibile a misura d'uomo tanto da poterlo realmente chiamare Padre.

---

[387]MOIOLI, GIOVANNI, *La parola della croce*, San Giuliano milanese, Edizioni Viboldone, 1987, p. 11.

Conclusioni

"Fulget Crucis mysterium", questo verso del celebre inno di Venanzio Fortunato, scelto come sottotitolo di questa opera, racchiude in sé la prospettiva dell'intero lavoro svolto. La Celebrazione della Passione del Signore così come ci è consegnata dalla tradizione, e in modo specifico dalla riforma del Concilio Ecumenico Vaticano II, è un'azione liturgica peculiare rispetto a tutto il Messale Romano. La sua struttura tripartita (liturgia della Parola – adorazione della Croce – comunione) e l'assenza della sinassi Eucaristica costringono a considerare questa celebrazione sotto prospettive nuove e possibilmente scevre del dato devozionalistico che, per troppo tempo, ha avuto la meglio su quello liturgico. La Croce che viene mostrata e adorata nella Celebrazione della Passione del Signore manifesta il mistero della redenzione e lo fa nel linguaggio specifico dell'azione rituale. La ricca simbologia che emerge dallo studio di questa celebrazione orienta la riflessione della teologia liturgica ad una riscoperta della sacramentalità come dato non limitante ma in un certo modo conglobante. La Celebrazione della Passione del Signore è articolata per condurre chi vi partecipa ad un vero e proprio "*Sacramentum Passionis*". La mediazione di questo "*Sacramentum*" è affidata alla Croce nella sua eloquente nudità e, nello snodarsi dei vari elementi rituali, ognuno degli attori in gioco (Dio, Cristo, Chiesa e umanità) è condotto al compimento del "*mistero nascosto da secoli*" (Ef, 3, 9) cioè la redenzione.

Perché ciò si realizzi è necessario costruire un contesto celebrativo che sia realmente espressivo della dimensione sacramentale della Croce, intesa come elemento di mediazione che introduce l'assemblea ad un'esperienza di profonda partecipazione performativa: *"la realtà invisibile della redenzione, per la quale questa ci appare come mistero, viene manifestata nel segno visibile della croce, in modo che possiamo imparare a conoscerla e celebrarla in terra e nella Chiesa"*[388]. La passione di Cristo deve diventare la nostra passione, la sua morte la nostra morte. Il sacrificio quotidiano della nostra vita deve unirsi al sacrificio del Signore. Solo così il Cristo crocifisso diventa il modello e la fonte della

[388] KI-TAE, KIM, *"Fulget crucis mysterium": I due inni di Venanzio Fortunato in onore della S. Croce*, p. 315.

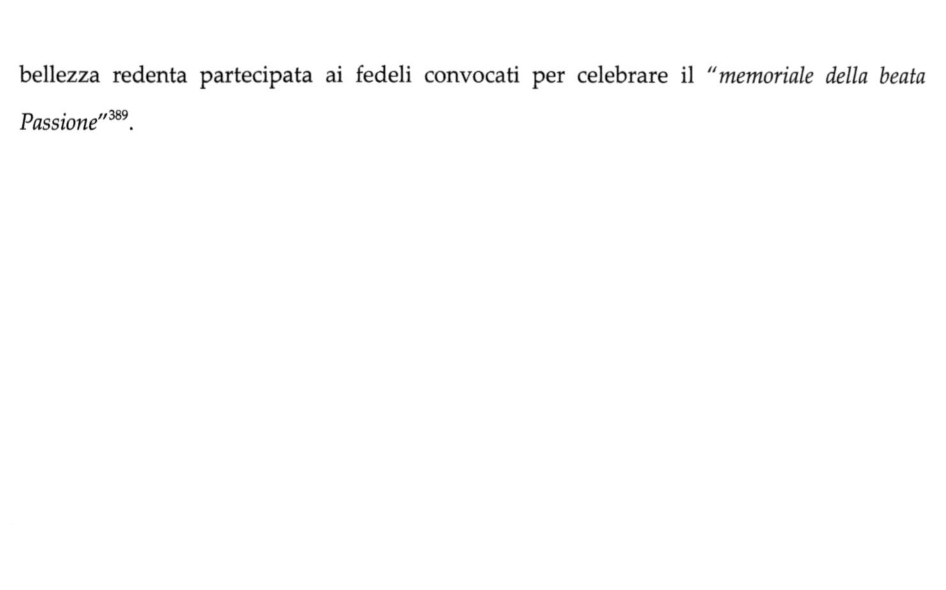

bellezza redenta partecipata ai fedeli convocati per celebrare il "*memoriale della beata Passione*"[389].

---

[389] *MRI*, p. 390.

Bibliografia

SIGLE

AAS	Acta Apostolicae Sedis
CCC	Catechismo della Chiesa Cattolica
DV	Dei Verbum
EV	Enchiridion Vaticanum
GS	Gaudium et spes
MRI	Messale Romano
MR	Missale Romanum
LG	Lumen Gentium
OGMR	Ordinamento Generale del Messale Romano
OLM	Ordo Lectionum Missae
PG	Migne, Patrologia Greca
PL	Migne, Patrologia Latina
SC	Sacrosanctum Concilium

FONTI LITURGICHE

MISSALE ROMANUM *ex decreto sacrosancti Concilii Tridentini restitutum, S. Pii V Pontificis Maximi jussu editum, aliorum Pontificum cura recognitum, a Pio X reformatum, et Ssmi D. N. Benedicti XV auctoritate vulgatum,* Descleé, Romae – Tornaci – Parisiis, 1926.

MISSALE ROMANUM, *ex decreto sacrosancti Oecumenici Concilii Vaticani II instauratum auctoritate Pauli PP. VI promulgatum Ioannis Pauli PP. II cura recognitum*, Roma, Editio typica tertia, 2008.

MESSALE ROMANO, *riformato a norma dei decreti del Concilio Ecumenico Vaticano II e promulgato da Papa Paolo VI*, Roma, LEV, 1983.

Le Grand Lectionnaire de l'Eglise de Jérusalem (V-VIII siècle), a cura di TARCHNISVILI, MICHEL ,I, Louvanin, 1959.

Le codex arménien Jérusalem 121. Introduction aux origines de la liturgie hierosolymitaine, 1, RENOUX, ATHANASE, (ed.), Brepols, Turnhout, 1969.

UFFICIO DIVINO, *riformato a norma dei decreti del Concilio Ecumenico Vaticano II e promulgato da Papa Paolo VI, Liturgia delle Ore secondo il rito romano.* Vol. II. *Tempo di Quaresima e Tempo di Pasqua*, Roma, LEV, 1989.

FONTI MAGISTERIALI

Catechismo della Chiesa Cattolica, Città del Vaticano, LEV, 1993.

SACRA CONGREGATIO RITUUM, *Decretum generale quo liturgicus hebdomadae sanctae ordo instauratur. Instructio «Cum propositum instaurati ordinis hebdomadae sanctae»*, in *AAS* 47(1955).

SACRA CONGREGATIO RITUUM, *Ordo Hebdomadae Sanctae instauratus*. Roma, Editio Typica, 1956.

SACRA CONGREGATIO RITUUM, Lett. Circ. "*Pascalis Sollemnitatis*". IN *EV*, Vol.11, 79, (1988).

SACRA CONGREGATIO RITUUM, Decreto "*Maxima Redemptionis nostrae mysteria*", IN *AAS* 47(1955).

CONCILIO ECUMENICO VATICANO II, *Documenti ufficiali del Concilio Vaticano II*, IN *EV*, Vol.1, (1981[12]).

MAGISTERO PONTIFICIO (in ordine cronologico dal più recente)

BENEDETTO XVI, lett. enc. *Deus caritas est*, 25 DIC. 2005, IN *AAS* 98(2006).

BENEDETTO XVI, es. ap. *Sacramentum caritatis,* 12 feb. 2007, in *AAS* 99(2007).

GIOVANNI PAOLO II, lett. enc. *Dominicae cenae,* 24 feb. 1980, in *AAS* 72(1980).

GIOVANNI PAOLO II, es. ap. *Reconciliatio et paenitentia,* 2 dic. 1984, in *AAS* 77(1985), p. 185-275.

GIOVANNI PAOLO II, lett. ap. *Vicesimus quintus annus,* 4 dic. 1988, in *AAS* 81(1989).

GIOVANNI PAOLO II, lett. enc. *Ecclesia de Eucharistia,*10 apr. 2003, in *AAS* 95(2003).

MAGISTERO CEI

CONFERENZA EPISCOPALE ITALIANA, doc. past., *Eucaristia comunione e comunità,* 22 mag. 1983, in *ECEI,* 3.

CONFERENZA EPISCOPALE ITALIANA, nota past., *Il volto missionario delle parrocchie in un mondo che cambia,* 30 mag. 2004, in *ECEI* , 7.

FONTI PATRISTICHE E MEDIOEVALI

AMBROGIO DI MILANO, *I Sacramenti,* in *Opera Omnia di sant'Ambrogio,* vol. 17: *Opere dogmatiche III: Spiegazione del Credo, i sacramenti, i misteri, la penitenza,* Roma, Città Nuova, 1982.

AMBROGIO DI MILANO, *I Misteri,* in *Opera Omnia di sant'Ambrogio,* vol. 17: *Opere dogmatiche III: Spiegazione del Credo, i sacramenti, i misteri, la penitenza,* Roma, Città Nuova, 1982.

GIUSTINO, *Prima Apologia 65, 1, in Sources Chrétiennes 507.*

LEONE MAGNO, *Sermo LXXIV, De Ascensione Domini,* PL 54, 396-400, ID, *I Sermoni sul Mistero Pasquale,* Bologna, EDB, 2001, (Letture cristiane del primo millennio, 4).

CABASILAS, NICOLA, *La vita in Cristo*, in: *La vita in Cristo*, (a cura di) NERI, UMBERTO, Roma, Città Nuova, 1994.

ORIGENE, *Contra Celsum*, PG 11, 637-1710, in ID, *Contro Celso*, (a cura di) P. RESSA, Brescia, Morcellania, 2000.

PAOLINO DA NOLA, Ep. 42,4., in TAMBURRINO, FRANCESCO PIO, *Lettera pastorale. Dal fianco trafitto di Cristo sgorgano i sacramenti della Chiesa*, Foggia, N.E.D. srl, 2010.

STRATEGIUS, *Captivitas Hierosolymae*, a cura di GARITTE, GÉRARD, Louvain, 1960, (*Corpus Scriptorum Christianorum Orientalium*, 203).

TOMMASO D'AQUINO, *Summa Theologiae* I, II, q. 58, a. 2, ad I., in ID, *La Somma Teologica*, Milano, Adriano Salani, 1953, p. 287-288.

STUDI E SAGGI

ALZATI, CESARE, *Il Triduo pasquale nei nuovi libri liturgici della chiesa ambrosiana*, «Rivista liturgica», 76(1979).

ANDRIEU, MICHEL, *Les Ordines Romani du haut moyen age*, vol. 3, Louvain, Spicilegium sacrum lovaniense, 1961.

AUGÉ, MATIAS, [et AL.], *L'anno Liturgico: storia, celebrazione e teologia*, Genova, Marietti, 1994[2] (Anamnesis).

AUGÉ, MATIAS, *Spiritualità liturgica. Offrite i vostri corpi come sacrificio vivente santo e gradito a Dio*, Cinisello Balsamo (Mi), San Paolo, 1998 (Universo teologia, 62).

AUGÉ, MATIAS, *Liturgia. Storia, celebrazione, teologia, spiritualità*, Cinisello Balsamo (Mi), San Paolo, 2000[4] (Universo teologia, 11).

BALTHASAR, HANS URS, *Teologia dei tre giorni*, Brescia, Queriniana, 1990.

BALTHASAR, HANS URS, *Verbum Caro*, Milano, Jaca Book, 2005.

BALTHASAR, HANS URS, *Gloria. La percezione della Forma*, Vol. I, Milano, Jaca Book, 2012².

BEAUDUIN, LAMBERT, *Essai de manuel fondamental de liturgie*, in QLP 3 (1912/13).

BELETH, JOANNES, *Rationale divinorum officiorum*, CIV, PL 202, col: 109.

BERGAMINI, AUGUSTO, *Cristo festa della Chiesa. Storia, teologia, spiritualità, pastorale dell'anno liturgico*, Cinisello Balsamo (MI), Paoline, 1991⁴ (Parola e liturgia, 10).

BONACCORSO, GIORGIO, *Celebrare la salvezza. Lineamenti di liturgia*, Padova, EMP – Abbazia di Santa Giustina, 2011² ("Caro salutis cardo". Sussidi, 6).

BONACCORSO, GIORGIO [et AL.], *Il culto incarnato: spiritualità e liturgia*, Milano, Glossa, 2011 ("Sapientia", 51).

BONACCORSO, GIORGIO, *L'estetica del rito. Sentire Dio nell'arte*, Cinisello Balsamo (Mi), San Paolo, 2013.

BOROBIO, DIONISIO, (Ed.), *La celebrazione nella Chiesa. Liturgia e sacramentaria fondamentale*, Vol. 1, Leumann (To), Elle Di Ci, 1992.

BRAGA, CARLO, *La riforma liturgica di Pio XII. La «Memoria sulla riforma liturgica»*, Roma, C.L.V.-Edizioni Liturgiche, 2003 ("Bibliotheca «Ephemerides liturgicae». Subsidia",128).

BUIONI, MAURIZIO, *Teologia della Croce, Napoli,* Chirico, "Caritas Christi", 2011.

BUSCEMI, ALFIO MARCELLO, *Lettera ai Galati. Commentario esegetico,* Jerusalem, Franciscan Printing Press, ("Studium Biblicum Franciscanum, Analecta" 63).

CANTALAMESSA, RANIERO; MARTINI, CARLO MARIA, *Dalla croce la perfetta letizia,* Milano, Ancora, 2001.

CAPELLE, BERNARD, *Le vendredi saint,* «La Maison-Dieu», 37(1954).

CAPELLE, BERNARD, *L'office du vendredi saint,* «La Maison-Dieu», 41(1955). CARRANZA, ANTONIO FERNANDEZ, *Ecce lignum crucis, venite adoremus. El lenguaje ritual: principio interpretativo de la teolología litúrgica del oficio romano de la Pasión del Señor,* Madrid, Ediciones Universidad de San Dámaso, 2014.

CAPRIOLI, ADRIANO, (ed.), *Liturgia e spiritualità nella storia. Problemi, sviluppi e tendenze,* in *Liturgia e spiritualità. Atti della XX Settimana di studio dell'Associazione Professori di Liturgia,* Roma, C.L.V.- Edizioni liturgiche, 1992 ("Bibliotheca «Ephemerides liturgicae». Subsidia", 64), p. 11-25.

CATELLA, ALCESTE - REMONDI, GIORDANO, (ed.), *Celebrare l'unità del Triduo pasquale. 1. Giovedì Santo: il Triduo oggi e il prologo del Giovedì santo,* Leumann (To), Elle Di Ci, 1994.

CATELLA, ALCESTE - REMONDI, GIORDANO, (ed.) *Celebrare l'unità del Triduo pasquale. 2. Venerdì Santo: la luce del Trafitto e il perdono del Messia,* Leumann (To), Elle Di Ci, 1995.

CATELLA, ALCESTE - REMONDI, GIORDANO, (ed.) *Celebrare l'unità del Triduo pasquale. 3. Una veglia illuminata dall'Assente,* Leumann (To), Elle Di Ci, 1998.

CASEL, ODO, *Il mistero del culto cristiano,* Roma, Borla, 1965.

CAVAGNOLI, GIANNI, *Introduzione,* in CAVAGNOLI, GIANNI (a cura di), *L'assemblea liturgica,* Padova, EMP – Abbazia di Santa Giustina, 2005 ("Caro salutis cardo". Contributi, 20).

CAVAGNOLI, GIANNI – DELLA PIETRA, LORIS, *"Vedere" dentro il rito*, «L'Emmanuele», 2(2016), p. 24-28.

Celebrare il mistero di Cristo. Manuale di Liturgia. La celebrazione: introduzione alla liturgia cristiana, Vol. I, (a cura dell')ASSOCIAZIONE PROFESSORI DI LITURGIA, Roma, CLV, 1993.

Celebrare il mistero di Cristo. Manuale di Liturgia. La celebrazione dei sacramenti, Vol. II, (a cura dell')ASSOCIAZIONE PROFESSORI DI LITURGIA, Roma, CLV, 2001[2].

Celebrare il mistero di Cristo. Manuale di Liturgia. La celebrazione e i suoi linguaggi, Vol. III, (a cura dell')ASSOCIAZIONE PROFESSORI DI LITURGIA, Roma, CLV, 2012.

CHAVASSE, ANTOINE, *Le sacramentaire gélasien (Vaticanus Reginensis 316). Sacramentaire presbytéral en usage dans les tritres romains du VIIe siècle*, Desclée et Cie, Tournai, (Bibliotèque de téhologie, 4. Hisoire de la Théologie, 1), 1958.

Commentario ai documenti del Vaticano II, a cura di NOCETI, SERENA – REPOLE, ROBERTO, Bologna, EDB, 2014.

CHAUVET, LOUIS-MARIE, *Simbolo e sacramento. Una rilettura sacramentale dell'esistenza cristiana,* Leumann (To), Elle Di Ci, 1990.

CLAUDEL, PAUL, *L'Annuncio a Maria*, Bergamo, BUR, 2005.

COSTA, EUGENIO, *Prassi liturgica odierna e spiritualità: limiti e potenzialità,* in *Liturgia e spiritualità. Atti della XX Settimana di studio dell'Associazione Professori di Liturgia*, Roma, C.L.V.-Edizioni liturgiche, 1992 ("Bibliotheca «Ephemerides liturgicae». Subsidia", 64), p. 169-178.

COURTH, FRANZ, *I Sacramenti. Un trattato per lo studio e per la prassi,* Brescia, Queriniana, 1999, ("Biblioteca di Teologia Contemporanea").

CROCE, VITTORIO, *Cristo nel tempo della Chiesa: teologia dell'azione liturgica, dei sacramenti e dei sacramentali,* Leumann (To), Elle Di Ci, 1992.

CULLMANN, OSCAR, *La fede e il culto della chiesa primitiva,* Roma, AVE, (Teologia oggi, 23), 1974.

DALMAIS, IRÉNÉE HENRI, *L'adoration de la Croix,* «La Maison-Dieu» 45 (1956), p. 78-86.

DESHUSSES, JEAN, *Le sacramentaire Grégorien. Ses principales formes d'apres les plus anciens manuscrits,* Friburgo, Editions Universitaires, (Spicilegium Friburgense 16), 1971.

DE CLERCK, PAUL, *La Prière universelle dans les liturgies latines anciennes: témoignages patristiques et textes liturgiques,* Münster, Aschendorff, 1977.

DELLA PIETRA, LORIS, *Rituum forma. La teologia dei sacramenti alla prova della forma rituale,* Padova, EMP – Abbazia di Santa Giustina, 2012 ("Caro salutis cardo". Studi, 21).

DONGHI, ANTONIO, *Il Messale, sorgente di spiritualità,* «Rivista liturgica», 71(1984), p. 361-380.

DONGHI, ANTONIO, *Liturgia e vita ecclesiale,* Milano, O.R., 1991 (Collana di teologia e di spiritualità, 9).

DONGHI, ANTONIO, *La vita spirituale e mistica come assunzione della mentalità di Cristo attraverso la celebrazione liturgica,* in: *L'esperienza del mistero pasquale nella celebrazione liturgica. Atti del XLVIII Convegno liturgico-pastorale dell'Associazione Opera della Regalità di Nostro Signore Gesù Cristo,* Milano, Centro Ambrosiano, 2007.

DOSSETTI, GIUSEPPE, *Per una «chiesa eucaristica». Rilettura della portata dottrinale della Costituzione liturgica del Vaticano II*, Bologna, Il Mulino, (Temi e ricerche di scienze religiose. Nuova serie, 29), 2002.

DOSSETTI, GIUSEPPE, *Omelie e istruzioni pasquali 1975-1978*, Milano, Paoline, 2009.

DUMAS, ANTOINE – DESHUSSES, JEAN, *Liber sacramentorum Gellonensis (Paris, B.N., Lat. 12048)*, Brepols, Thurnholti, 1981.

EGERIA, *Diario di viaggio*, Paoline, Milano, 1992.

ENDOKIMOV, PAVEL, *La teologia della bellezza*, Cinisello Balsamo, San Paolo, 1990.

FALSINI, RINALDO, *La liturgia come «culmen et fons»: genesi e sviluppo di un tema conciliare,* in *Liturgia e spiritualità. Atti della XX Settimana di studio dell'Associazione Professori di Liturgia*, Roma, C.L.V.-Edizioni liturgiche, 1992 ("Bibliotheca «Ephemerides liturgicae». Subsidia", 64), p. 27-49.

FALSINI, RINALDO, *Gesti e parole della Messa. Per la comprensione del mistero celebrato*, Milano, Ancora, 2001.

FLICK, MAURIZIO - ALSZEGHY, ZOLTAN, *Il mistero della Croce*, Brescia, Queriniana, (BTC, 3), 1978.

FORLOW, ALEXANDROVNA, *La relique de la vraie Croix: recherches sur le developpement d'un culte*, Institut francais d'etudes byzantines, Paris, 1961, ("Archives de l'Orient chrétien", 7).

FRANCO, FRANCESCO, *La passione dell'amore. L'ermeneutica cristiana di Balthasar e Origene*, Bologna, EDB, 2005, (Nuovi Saggi Teologici).

GALADZA, DANIEL, *La Tradizione liturgica di Gerusalemme e la distruzione dei luoghi santi,* «Rivista liturgica», 100/2(2013), p. 396-406.

GALINEAU, JOSEPH, *Le caratteristiche dell'assemblea cristiana,* in AA.VV., *Nelle vostre assemblee. Teologia pastorale delle celebrazioni liturgiche,* Vol. 1, Brescia, Queriniana, 1986³.

GIGLIONE, PAOLO, *La croce e il crocifisso nella tradizione e nell'arte,* Città del Vaticano, LEV, 2000.

GIRARDI, LUIGI, *«Del Vedere L'Ostia...». La visione come forma di partecipazione,* «Rivista liturgica», 87(2000), p.449-458.

GIRARDI, LUIGI, *Liturgia e emozione. Atti della XLII Settimana di studio dell'Associazione Professori di Liturgia,* Roma, C.L.V.-Edizioni liturgiche, 2014 (Collana Nuovi studi di Liturgia. Nuova serie/63).

GIRAUDO, CESARE, *In unum Corpus. Trattato mistagogico sull'eucaristia,* Cinisello Balsamo (Milano), San Paolo, 2001².

GIRAUDO, CESARE, *Ascolta, Israele! Ascoltaci, Signore! Teologia e spiritualità della Liturgia della Parola,* Città del Vaticano, LEV, 2008.

GIRAUDO, CESARE, *Stupore Eucaristico. Per una mistagogia della messa «attraverso i riti e le preghiere»,* Città del Vaticano, LEV, 2011².

GRILLO, ANDREA, *La nascita della liturgia nel XX secolo. Saggio sul rapporto tra movimento liturgico e (post-) modernità,* Assisi, Citadella Editrice, 2003.

GRILLO, ANDREA, *Grazia visibile, Grazia vivibile. Teologia dei sacramenti «in genere ritus»,* Padova, EMP – Abbazia di Santa Giustina, 2008 ("Caro salutis cardo". Studi, 19).

GRILLO, ANDREA, *La partecipazione attiva come superamento del "paradigma medioevale nella comprensione della ministerialità sacramentale*, in *Liturgia e Ministeri Ecclesiali. Atti della XXXV Settimana di studio dell'Associazione Professori di Liturgia*, Roma, C.L.V.- Edizioni liturgiche, 2008 ("Bibliotheca «Ephemerides liturgicae». Subsidia", 146), p. 159-186.

GRILLO, ANDREA, *Che ne è oggi dell'«actuosa participatio»?*, «Rivista di Pastorale Liturgica», 296 (2013), p. 49-53.

GRUMEL, VENANCE, *La réposition de la vraie croix à Jérusalem par Héraclius. Le jour et l'année*, in «Byzantinische Forshungen», I, 1966.

GUARDINI, ROMANO, *Lettera su «l'atto di culto» e il compito attuale della formazione liturgica*, «Humanitas», 20(1965).

GUARDINI, ROMANO, *Il testamento di Gesù*, Milano, Vita e Pensiero, 1993.

GUARDINI, ROMANO, *Il Signore*, Brescia, Morcelliana, 2005.

GUARDINI, ROMANO, *Lo spirito della liturgia. I santi segni*, Brescia, Morcelliana, 2000[8].

GUÉRANGER, PROSPER, *L'anno liturgico, Settuagesima – Quaresima – Passione*, Vol. II, Alba (Cuneo), Edizioni Paoline, 1957.

HANSJÖRG, AUF DER MAUR, *Le celebrazioni nel ritmo del tempo – I. Feste del Signore nella settimana e nell'anno*, in: *La Liturgia della Chiesa*, Vol. 5, Leumann (To), Elle Di Ci, 1990.

JANERAS, SEBASTIÀ, *Le Vendredi-Saint dans la tradition liturgique byzantine: structure et histoire de ses offices*, Roma, Editrice Anselmiana, 1988, («Analecta liturgica», 13), p. 235-270.

JANERAS, SEBASTIÀ, *La Settimana Santa nell'antica liturgia di Gerusalemme*, in: KOLLAMPARAMPIL, ANTONY GEORGE (ed.), *Hebdomadae sanctae celebratio: conspectus historicus comparativus*, Roma, C.L.V.- Edizioni liturgiche, 1997 ("Bibliotheca «Ephemerides liturgicae». Subsidia", 93).

JOUNEL, PIERRE, *La croix dans la liturgie romaine*, «La Maison-Dieu», 75(1963), p. 68-91.

KIM, KI-TAE, *Fulget Crucis Mysterium: I due inni di Venanzio Fortunato in onore della S. Croce: Studio storico, liturgico e teologico*, Tesi per il conseguimento del Dottorato, Roma, Pontificium Athenaeum S. Anselmi De Urbe – Pontificium Institutum Liturgicum, 2010.

La preghiera liturgica, Roma, Pontificio Istituto di spiritualità del Teresianum, 1964 (Fiamma viva, 5).

LEONI, BRUNO, *La Croce e il suo segno. Venerazione del segno e culto della reliquia nell'antichità cristiana*, Verona, Editrice – SAT, 1968.

LODI, ENZO, *Fede Creduta perché Celebrata? Convergenza e divergenza delle due leggi nella liturgia: lex credendi e lex orandi nel Credo ecumenico*, Bologna, EDB, 2012.

MAGGIANI, SILVANO, *Il simbolo della croce nello spazio liturgico. Estetica e poietica*, «Rivista liturgica», 101/1 (2014), p.111-129.

MARKUS, GRAULICH – RALPH WEIMAN, (a cura di), *Deus caritas est. Porta di Misericordia, Atti del Simposio internazionale nel decimo anniversario dell'Enciclica*, Città del Vaticano, LEV, 2016.

MARINI, PIERO, *Liturgia e Bellezza. Nobilis Pulchritudo*, Città del Vaticano, LEV, 2005.

MARSILI, SALVATORE, *Nel cuore della sacramentalità: il Triduo Pasquale*, «Rivista liturgica», 95 (2008), p. 525-540.

MASCIARIELLI, MICHELE GIULIO, *La Croce pasquale. Un albero senza radici che porta frutti*, Cinisello Balsamo, San Paolo, 2007.

MAZZA, ENRICO, *Il culto della croce nella liturgia del venerdì santo nell'altomedioevo*, «*Didaskalia*», 36 (2006), p. 19-45.

METZGER, MARCEL, *La formazione della «Grande Settimana». Prime testimonianze.*, in ALCESTE, CATELLA - GIORDANO, REMONDI, (ed.), *Celebrare l'unità del Triduo pasquale. 1. Giovedì Santo: il Triduo oggi e il prologo del Giovedì santo,* Leumann (To), Elle Di Ci, 1994, p. 75-79.

MOHRMANN, CHRISTINE, *Pascha, Passio, Transitus*, Roma, C.L.V.-Edizioni liturgiche, 1952 («Ephemerides liturgicae», 66).

MOIOLI, GIOVANNI, *La parola della croce,* San Giuliano milanese, Edizioni Viboldone, 1987.

NOCENT, ADRIEN, *Riforma del Triduo Sacro?*, «Rivista liturgica», 55(1968), p. 38-55.

PAGAZZI, GIOVANNI CESARE, *Questo è il mio corpo. La grazia del Signore Gesù*, Bologna, EDB, 2016.

RAFFA, VINCENZO, *La liturgia delle ore. Presentazione storica, teologica e pastorale*, Milano, O.R., 1990 (Collana di teologia e di spiritualità, 8).

RAFFA, VINCENZO, *Afania ed epifania della luce nel triduo pasquale*, in: *Miscellanea liturgica in onore di S.E. il Cardinale Giacomo Lercaro,* vol. 1, Roma, Desclée, 1966.

RAHNER, KARL, *Chiesa e sacramenti,* Brescia, Morcelliana, 1969.

RATZINGER, JOSEPH, *Introduzione allo spirito della liturgia,* San Paolo, Cisinello Balsamo, 2001.

RATZINGER, JOSEPH, *La Bellezza la Chiesa*, Castel Bolognese, ITACA, 2005.

RATZINGER, JOSEPH, *Il cammino Pasquale*, Milano, Ancora, 2006^4.

RATZINGER, JOSEPH, *Gesù di Nazaret. Dall'ingresso in Gerusalemme fino alla risurrezione*, vol. 2, Città del Vaticano ,LEV, 2011.

RIGHETTI, MARIO, *Manuale di storia liturgica,*Vol. I, Milano, Ancora, 1964[3].

ROPA, GIAN PAOLO, *Il preludio all'adorazione della Croce nel venerdì santo,* in: *Miscellanea liturgica in onore di S.E. il Cardinale Giacomo Lercaro,* Vol. 1, Roma, Desclée, 1966.

ROPA, GIAN PAOLO, *Il simbolismo medioevale della Croce svelata,* in: *Miscellanea liturgica in onore di S.E. il Cardinale Giacomo Lercaro,* Vol. 2, Roma, Desclée, 1967.

SARTORE, DOMENICO, *La mistagogia, modello e sorgente di spiritualità cristiana,* «Rivista liturgica», 73(1986), p. 508-521.

SCHICK, ROBERT, *The Christian Communities of Palestine from Byzantine to Islamic Rule,* «Journal of the American Oriental Society», 119/2 (1999).

SCHERMANN, JOSEF, *Il linguaggio nella liturgia. I segni di un incontro,* Assisi, Cittadella, 2004 (Leitourgia. Sezione antropologica).

SCHUSTER, ILDEFONSO, *Pagine vive su la liturgia, la catechesi e la spiritualità,* a cura di I. BIFFI, Milano, NED, 2004.

SCOLA, ANGELO, *Chi è la Chiesa? Una chiave antropologica e sacramentale per l'ecclesiologia,* Brescia, Queriniana, (BTC, 130), 2007[2].

SESBOÜÉ, BERNARD, *Invito a credere. Credere nei sacramenti e riscoprirne la bellezza,* Cinisello Balsamo (Milano), San Paolo, 2011.

SORCI, PIETRO, *Croce e Crocifisso nella liturgia,* «Rivista di pastorale liturgica», 255/6(2002), p. 21-29.

SORCI, PIETRO, *Echi gerosolimitani nella liturgia della chiesa di Roma,* «Rivista liturgica», 100/2(2013), p. 378-395.

TAMBURRINO, FRANCESCO PIO, *Lettera pastorale. Dal fianco trafitto di Cristo sgorgano i sacramenti della Chiesa*, Foggia, N.E.D. srl, 2010.

TAGLIAFERRI, ROBERTO, *La «magia» del rito. Saggi sulla questione rituale e liturgica*, Padova, EMP – Abbazia di Santa Giustina, 2006 ("Caro salutis cardo". Studi/Testi, 17).

TAGLIAFERRI, ROBERTO, *Il Matrimonio cristiano. Un sacramento diverso*, Assisi, Cittadella Editrice, 2008.

TAGLIAFERRI, ROBERTO, *Sacrosanctum. Le peripezie del sacro*, Padova, EMP, 2013.

TERRIN, ALDO NATALE, (a cura di) *Liturgia ed estetica*, Padova, EMP – Abbazia di Santa Giustina, 2006 ("Caro salutis cardo". Contributi, 21).

TOMATIS, PAOLO, *"Accende lumen sensibus". La Liturgia e i sensi del corpo*, Roma, C.L.V.-Edizioni liturgiche, 2010 ("Bibliotheca «Ephemerides liturgicae». Subsidia", 153).

TOMATIS, PAOLO, *La liturgia alla prova del sacro: Atti della XXXIX Settimana di studio dell'Associazione Professori di Liturgia*, Roma, C.L.V.-Edizioni liturgiche, 2013 ("Bibliotheca «Ephemerides liturgicae». Subsidia", 116).

UBBIALI, SERGIO, *Il Sacramento cristiano. Sul simbolo rituale*, Assisi, Cittadella, 2008 (Leitourgia. Sezione teologica).

VAGAGGINI, CIPRIANO, *Caro salutis est cardo. Corporeità, Eucaristia e liturgia*, Villa Verucchio, Edizioni Camaldoli, 2009.

ZANON, GIUSEPPE, *Anno liturgico. Itinerari di fede e di vita per la comunità e per il credente*, «Rivista liturgica», 75(1988), p. 518-530.

STUDI ON-LINE

UFFICIO DELLE CELEBRAZIONI LITURGICHE DEL SOMMO PONTEFICE, *Il sacerdote nella celebrazione del Triduo Pasquale*, Studi, (Internet), Roma, Consultato il 21/10/2016,http://www.vatican.va/news_services/liturgy/details/ns_lit_doc_20100412_sac-triduo_it.html

Indice

Printed by Books on Demand GmbH, Norderstedt / Germany